JN006983

選び方・飾り方・育て方 がよくわかる

暮らしの中の
インドアグリーン

安元祥恵

Contents　目次

Chapter 1　ダイナミックな印象のグリーン

Introduction

　インドアグリーンと呼ばれる観葉植物の多くは、もともと熱帯や亜熱帯の地域に自生し、強健で育てやすい植物です。日本の気候でも、温度や湿度を管理すれば育てるのは難しくありません。家具やファブリックのようにインテリアの一部として植物を飾ると、生命力溢れる美しいグリーンは潤いのある空間を造ります。

　インテリアや環境に合わせて、どんな品種やサイズ、樹形を選び、どんな鉢と合わせるのか、部屋のどこに飾ると映えるのか、どこに置くと植物が元気に育つかなどを考えると楽しみが尽きません。そして、芽が出たり花が咲いたりと、生長する姿を見ることで、ささやかな喜びを感じることができます。

　庭やベランダで育てる植物も、部屋で育てる植物も、基本的な育て方は同じです。インドアグリーンは「屋外に出すと生育が悪くなるのではないか？」「害虫がつくのではないか？」　という質問を受けることがあります。日本には冬があり、気温と湿度がインドアグリーンの自生地と少し変わりますが、熱帯でも温帯でも、ジャングルでも砂漠でも、もともと植物は自然の中で生きています。日照や気温は適切か、風通しはよいか、雨や露の代わりになるような水やりや葉水はできているかを振り返ってみましょう。共に生活をして経験を重ねるうちにだんだんと予測が立ち、植物の変化に気づいてあげられるようになります。

　本書では、これからインドアグリーンを育ててみたい初心者からもっと種類を増やしたい上級者まで、植物を愛する多くの方々に、人気の品種を厳選して紹介しています。そしてその飾り方や育て方を、これまでの知識と毎日の植物の手入れで気づいた経験を元に解説しています。ひとつの参考として活用していただき、インドアグリーンを楽しむきっかけとなればと思います。

安元祥恵

インドアグリーン 3つの楽しみ方

どんな植物があって、どんな植物が好きで、どんな場所に置きたいか。まずはインドアグリーンを扱うショップに探しに行くことから始めます。その際、なにを最優先に考えるか、そのポイントは大きく3つに分かれる傾向にあります。3つのバランスがとれると、インテリアになじみ、長く上手に育てることができます。

選ぶ

好みのグリーンが欲しい

↓

見た目の好みを優先するタイプ

品種によって多様な葉の形、葉の色があり、樹形やフォルム、サイズによっても見た目の印象はかなり変わります。ショップで好みの植物に出合い、それを購入することはこの上ない楽しみですが、買った後で置く場所が定まらなかったり、散漫な組み合わせで増やしてしまったりすることも。置き場所や飾り方、生育環境のことも頭に入れて選ぶと、より充実したインドアグリーンライフを楽しめます。

飾る

部屋のこの場所に飾りたい

↓

置きたい場所を優先するタイプ

殺風景な部屋を華やかにしたい、森のようにしたい、癒しの空間をつくりたい。インドアグリーンは潤いのある住空間をつくることができ、さまざまな理想を叶えてくれます。ただし、「この場所に置きたい」という気持ちが強くなってしまうと、日当たりが必要な植物を日が当たらない場所に置いてしまったりして、生育が悪くなることも。植物の特性や生育環境も考えて置き場所を決めるとうまく育てられます。

育てる

室内でグリーンを育てたい

↓

育てることを優先するタイプ

植物は水やりなど日々のお手入れが必要で、枝が伸び、新芽が出て、フォルムは日に日に変わっていきます。植物の様子を観察していくことで、さらに楽しい時間が過ごせます。植物の生育を最優先するのは植物にとってはベストですが、枯らしてしまう心配から、純粋に好きな植物を選べなかったり、置きたい場所に置けなかったりすることも。飾る場所をあらかじめ決めてから選ぶとインテリアもまとまります。

3つのバランスでうまくいく!

グリーンを飾る

インテリアに合わせて植物や鉢を選ぶことは、インドアグリーンライフのいちばんの楽しみです。ここでは飾りたい部屋別に、植物の選び方のヒントをご提案します。空間にどのくらいのサイズの植物を置くとバランスよく見えるか、参考にしてみてください。

Living

リビングは一日の生活の中で長時間を過ごす場所なので、植物の変化に気づきやすく、手入れがしやすいです。メインツリーとしてソファーサイドに'ジャワゴム'を、サブツリーは棚の高さに合わせて'シェフレラ ダズル'を選びました。ローテーブルの高さに合わせて置いた'アンスリウム アロー'は、半日陰を好むので窓から少し離れた場所に。

①ジャワゴム（p.36）／②シェフレラ ダズル（p.62）／③ペペロミア セルペンス（p.126）／④アンスリウム アロー（p.52）／⑤フランスゴム（p.38）／⑥ディスキディア ヌンムラリア（p.104）／⑦シッサス エレンダニカ（p.90）
品種名の後に記載しているページ数は、育て方の参照ページです。写真と同一の品種を掲載していない場合もあります。

Window Side

窓際は日照を確保できて、カーテンなどで遮光も容易なため、植物を育てやすい場所のひとつです。窓際は気温が下がると冷えやすいので、温度変化に注意しましょう。アンティーク風の家具に合わせて、シェフレラの中でも丸くかわいらしい葉と気根が特徴の'マルコ'をメインに。カーテン越しのやわらかい光を好む'ポリシャス'や'マランタ'、'リプサリス'を合わせて。

④

飾るときのポイント

植物の個性を観察して、見たい部分、見せたい部分を意識しましょう。そして個性が映えるベストな場所を見つけましょう。複数を飾るときはインテリアとのバランスをとりながら、大きさや高さ、葉色のバランス、鉢のコーディネートもあわせて考えます。

座ったときに
よく見える場所に置く

室内ではリラックスするときに腰掛ける事が多いので、座ったときに自然に視界に入る場所や見やすい高さ、よく見える角度に置くとよいでしょう。たとえば、テレビの脇や書斎のパソコンまわりなどの無機質になりやすい場所にグリーンを置くと、やさしい雰囲気がつくれます。また、壁にお気に入りの絵を飾るように、インテリアとしてインドアグリーンを飾ってはいかがでしょう。生き生きとしたグリーンの存在感は部屋のシンボルになります。

枝の先に
空間ができるように置く

インドアグリーンを飾るときは、空間に対して目いっぱいの大きさではなく、やや余裕ができるサイズの木を選ぶことが大切です。枝の流れを壁などで遮らず、植物の枝の先に空間をつくるようにすると、植物が生長していく姿が想像でき、生き生きとしたグリーンの魅力を引き出します。右側の角に置くときは左に流れる樹形を探すなど、植物を選ぶときに飾る場所を意識するとイメージが膨らみやすいです。

たまに向きを変えて
まんべんなく日に当てる

植物は太陽に向かって伸びるので、飾る場所や向きを決めた後も、数か月周期で向きを変えることが必要です。日照が少ない場所に置いて不調を感じたら、もう少し日の当たる場所に移動してみましょう。また、植物は急な環境の変化に対応するのが苦手。急に日に当てると葉焼けをしたり、急に日当たりが悪い状態が続くと枯れることもあります。徐々に日向へ、徐々に日陰へと、植物の様子をみながら行いましょう。

Kitchen

キッチンとダイニングの間に大きめのインドアグリーンを置くと間仕切りに。家具では閉塞的になってしまうところを、開放感を残しつつ軽やかさも出しながら、さりげなく分けてくれます。ダイニングキッチンは動線の確保も必要なので、幹に特徴があり、葉が上のほうにまとまってつく‘ショウナンゴム’（**p.36**）を。キッチンツールを程よく目隠しできます。

①ツピタンサス カリプトラッス
（p.68）/②リプサリス モナカンタ
（p.100）/③フィロデンドロン イン
ペリアルレッド（p.48）/④ディス
キディア ヌンムラリア（p.104）

仕事部屋もインドアグリーンを飾ることでリラックス空間にしてはいかがでしょ
うか。個性的な樹形の'ツピタンサス'を置くことで、すっきりと見せつつ、
殺風景になりすぎない工夫を。垂れ下がる植物や葉が四方に広がる植物を
ハンギングにして天井から吊り下げると、作業の邪魔になりません。好きなも
のに囲まれて仕事のアイディアが膨らみそうです。

Work Room

Bed Room

寝室は癒しの空間にしたいもの。一日の始まりと終わりを過ごす場所を、インドアグリーンで落ち着きのある雰囲気にしましょう。朝日を浴びる日当たりのよい寝室には、好みのサボテンを並べてリラックス。縦に育つタイプのサボテンはたくさん置いてもすっきりとした印象になります。サボテンは育てやすく、日当たりがよければ手がかからないのでおすすめ。

①サボテン 鬼面角（ブランチ）/ ②サボテン 鬼面角 / ③サボテン 大鳳竜（①〜③の育て方は p.130 のユーフォルビアを参照）/ ④ミルクブッシュ（p.130）

①ドラセナ コンパクタ（p.108）/②ホ
ヤ ゴールデンマージン（p.96）/③ト
キワシノブ（p.87）/④フィカス バーガ
ンディ（p.36）

Entrance

家の顔になる玄関も、日照が確保できる空間であれば、
姿見や腰掛けのそばにインドアグリーンをコーディネート
するのもおすすめです。日当たりや風通しのよい環境
が難しい場合は、来客のときにだけ飾るのもよいでしょ
う。コンパクトな鉢にまとまった、すらりとしたインドア
グリーンを選んで。大きな鏡と合わせて、背の高い鉢に
入れたスマートな〝フィカス バーガンディ〟を主役に。

グリーンを選ぶ

インドアグリーンを選ぶ際に、どのような種類があるのかを知っておくと、好みのタイプがある程度わかって選びやすいものです。大きく分けて枝ものなのか葉ものなのか、また葉の形や色、質感の違いなど、まずは好みやインテリアとの相性なども考えて選びましょう。

枝もの

葉もの

樹形で選ぶ

枝もの：地際から幹が出て、枝分かれして葉をつける植物のこと。同じ枝ものでも、ゴムノキのような大きく丸い葉をもつ木と、シェフレラのような小さく細かい葉をもつ木では、印象は異なります。また同じ品種でも、樹形がまっすぐに伸びたもの、枝分かれしたもの、しなやかに曲がったものなどがあります。枝ものは特に、置く場所の寸法を測ってから探すことで、空間に合う一鉢が選びやすくなります。

葉もの：草ものとも呼ばれ、やわらかい印象の植物が多いです。地際から何本も芽が出てボリュームを出すものが多く、葉の広がり方によって、置き場所もさまざまに楽しむことができます。サイズは小鉢や中鉢が多いので、上から眺めたときの葉が美しいものは床置きに、垂れた葉が美しいものは棚の上にと、植物の特徴と生育環境に合わせて、置き場所を柔軟に変えることもできます。

垂れるもの

垂れるもの：葉もののように地際から芽が出て葉が伸び、つる性で鉢から垂れ下がっていく植物。棚の上に置いたり、ハンギングにしたりして、つるの流れを楽しめるのが魅力です。垂れるものを掛けられる耐荷重のあるフックやレールをいくつか用意しておくと、模様替えのように植物を飾って楽しめます。管理が負担にならないように、水やりがしやすい場所に置くというのも、長く楽しむコツです。

大きくて丸い葉

小さくて細かい葉

葉の形で選ぶ

大きな葉はかわいらしく、ナチュラルで無造作な雰囲気。すっきりとしたスタイリッシュなインテリアにも合います。大きな葉をもつ木は葉の枚数が少ないので、落葉による掃除は手がかかりません。葉が少ないと幹の印象が強くなり、シャープな印象になります。小さくて細かい葉は、風になびく姿が清涼で上品な印象。

濃いグリーン

明るいグリーン

葉の色で選ぶ

葉の色は千差万別。濃いグリーンと明るいグリーンだけでなく、銅葉、黄葉などもあり、それぞれに印象は変わってきます。インテリアの雰囲気に合わせて、好みで選んでもよいと思います。さらに、赤く色づいた葉や鮮やかな黄色の模様が入った葉はインテリアのアクセントに。明るい葉色の植物は、強い光にやや弱い場合があるので、置き場所の環境に合うかを考慮しましょう。

ギザギザしたかたい葉

やわらかくて繊細な葉

葉の質感で選ぶ

かたい葉はシャープな印象、やわらかい葉はやさしい印象を与えます。かたい葉の植物はとげを持つこともあり、置き場所によってはそぐわない場合もあります。また、やわらかい葉は薄く、触るだけでも傷がついてしまいます。ワイルドな空間にしたいか、エレガントな空間にしたいか、選ぶ植物によってインテリアの印象も変わるので、つくりたい空間を具体的にイメージしてから選ぶとよいでしょう。

鉢とグリーンの組み合わせ方

植物を選んだら、次は鉢選びです。鉢を選ぶときは植物と合わせるだけでなく、インテリアとの相性も考えてみましょう。合わせる鉢の形や大きさによって、その植物の気根や幹、茎などの特徴が印象的に見えたり、葉色が違って見えたりすることもあります。そして、どういうふうに育っていくか、伸びた後の形をイメージして鉢を選ぶこと。まっすぐ伸びるのか、垂れ下がるのか、葉がこんもり茂るのか。また、屋外に出す場合やアンバランスな樹形は、倒れないように重さのある安定した鉢にすることも大切。特に幹が曲がっていたり、葉が細かくてたくさん出ている植物は、屋外で風の影響を受けやすくなります。

組み合わせの対比例

重厚

軽快

コルディリネの場合

幹を曲げて仕立てられた左の木は、時間の経過が見えて風格があるので、鉢の色合いも重厚なブロンズ色で、形は樹形をいかすシンプルなタイプを合わせました。右の木はまっすぐ伸びた樹形で、紫色の模様がある葉が美しいので、セメント調のシンプルな鉢に合わせて伸びやかさを引き立てます（p.111）。

重厚

軽快
912

シーグレープの場合

かたい印象の幹と丸い葉をもつ 'シーグレープ' は、自由な樹形で個体によってさまざまな印象。左の木は幹が太くどっしりしているので、個性的な模様の安定感のある鉢に合わせます。右の木は広がりのある樹形を強調して、丸く口がつぼまった真っ白な鉢を合わせ、軽やかにしました（p.40〜41）。

フォルムをつなげる

幹と鉢のラインが一体になるように合わせると、植物の特徴が際立って見えます。左の'ガジュマル'（p.75）は、美しい幹の形を生かすよう、そのままつながるようなフォルムの鉢に植え込みました。右のようにすらっとして枝の流れがある'シェフレラ'（p.62）には、高さのあるシンプルな鉢を合わせて、鉢と植物が一本のラインになるように。枝の動きが強調され、存在感が増します。気根など幹に特徴がある場合は、根元が強調できる高さの鉢を選びます。

質感を合わせる

植物の幹や葉の質感を強調するために、鉢の質感を合わせるのもひとつの方法。木肌が特徴的な'ボトルツリー'（左／p.136）は土ものの鉢でプリミティブな組み合わせに。幹や葉の色と相性のよいベージュをチョイスして色の一体感をもたらします。神秘的な姿の'ラクテア ホワイトゴースト'（右／p.132）は、素材感のある鉢に合わせました。乾燥地帯をイメージした鉢で植物の生命力が強調され、'ラクテア'の特徴的な幹の存在感が増します。

模様を合わせる

葉に模様がある場合や、気根など特徴的なラインを持つ場合は、同様の模様がある鉢を合わせて、遊び心をもたせます。左の'カラテア マコヤナ'（p.138）は、緑と赤の透け感のある葉に似た模様の個性的な鉢を合わせて、エレガントな印象に。鉢の形がベーシックなので、置き場所を選びません。独特な気根と葉の形をもつ'クッカバラ'（右／p.46）には、縦に模様の入った存在感のある鉢を。ツヤのある葉に合わせて、ブロンズ色で落ち着きのある雰囲気に。

複数の鉢の
組み合わせ方

複数の鉢を組み合わせる際、単に好みの
品種を集めて飾るのもよいですが、組み合
わせを工夫することで、見た目にまとまりが
出て、部屋を素敵に飾ることができます。
生育環境のことも考えて、植物の個性を生
かせる特等席に飾ってあげてください。

生育環境が
同じ植物を合わせる

組み合わせに迷ったときは、生育環境が
同じ植物同士を合わせるとうまく育てられま
す。また、乾燥系の多肉植物、水辺系
のシダ植物など、同じ地域に育つ植物で
まとめると心地よく感じられるもの。写真は
サトイモ科3種と'リプサリス'（右手前／
p.100）。いずれも直射日光の当たらない
明るい場所を好むので、遮光などの気遣い
も同じで、育て方が一括で考えられます。

同種類で見た目が異なる
植物を合わせる

写真の品種はすべて'ペペロミア'（p.126）。
このほか、'リプサリス（p.100）'、'ホヤ'
（p.96）、'ユーフォルビア'（p.130）など、
同じ品種でも形状や色が多様なものがあり
ます。同種類で葉色や葉形が違うタイプの
ものを組み合わせて飾ると、それぞれが引
き立て合うので、初心者でも失敗しない組
み合わせに。同じ品種ゆえに育て方も同じ
なので、管理もしやすくておすすめです。

葉の色でメリハリをつける

同系色や同じ形の葉ばかりを組み合わせると、それぞれのよさや存在感が曖昧になります。そこで、緑の葉の中に銀葉や銅葉、黄葉など違った葉色を入れてメリハリをつけると、それぞれが引き立ちます。写真は銀色の葉をもつ'レックスベゴニア'や、明るい黄緑色の'ペペロミア ジェミニ'（p.126）などでアクセントを。葉の形でも変化をつけると楽しげな空間に。

主役を引き立たせる

違う種類の植物を組み合わせる場合は、複数の鉢の中でどれが主役（アイキャッチ）になるかを考えます。木の大きさや品格により、主役がおのずと決まる場合もあります。同じ大きさの鉢を並べる場合は、主役を高い所に置いて飾るとうまくまとまります。写真は小鉢3点を主役に。主役を台に並べ、台のまわりに植物の空間が広がるような景色をつくります。

鉢の色やテイストを合わせる

さまざまな種類のインドアグリーンを同じ空間に置くときは、鉢の色やテイストを合わせることで、多彩なインドアグリーンの葉色を引き立たせながら飾ることができます。鉢の質感がバラバラだと合わない場合もありますが、質感に多少の違いがあるほうがおもしろいもの。1鉢だけ差し色を入れて個性的にするのもおしゃれです。

グリーンインテリアの
実例集

グリーンをどこに置くと存在感が出るか考えてみましょう。リビングのいちばん目立つ場所、キッチンとリビングの間仕切り、棚や窓際のコーナー、廊下の突き当たりなど、その場所の日当たりや風通し、動線を考慮し、生長後の植栽の大きさも踏まえて余裕をもって選ぶのも大切です。インテリアとグリーンや鉢との相性も参考にしてください。

1 スペースに余裕のあるリビングには横に枝が張る'エバーフレッシュ'（p.78）が映えます。夕方に葉を閉じ、朝に開く姿を見られるのも、日々の活力になりそうです。

2 リビングに入った正面に'アルテシマ'（p.37）を配置し、来客をお迎え。ベランダの植栽もインドアグリーンを引き立てます。たまに配置換えをして、植物全体の様子をみながらまんべんなく日が当たるようにします。

3 ソファー側の天井近くに窓があるリビング。ソファー側は葉が上に増えていく'ブラキキトン アケリフォリウス'（育て方は p.136 のボトルツリーを参照）ですっきりした印象ながら個性的に。テレビ脇のプランターはテレビ台に合わせて素材を木製に統一。

4 階段を上がって左手がダイニングキッチン、右手がリビングのお宅。アイキャッチと間仕切りを兼ねた'ベンガレンシス'（p.34）をメインツリーに。インテリアのポイントになっています。

1 キッチンとリビングの間仕切りに置いた'フランスゴム'（p.38）。ソファーや梁、パーテーションの色に合わせてダークグレーの鉢に合わせます。インドアグリーンでソファーの背もたれやパーテーションの直線が和らぎます。

2 テラスの植栽の景色を借りて屋内は1鉢ですっきりと。古木の'シェフレラ'（p.62）で存在感を出します。テラスに近い位置に置くと、大鉢でも水やりや葉水の際に外に出しやすく、管理の負担が軽減されます。

3 窓の外の構造物やテレビの無機質な印象を'ウンベラータ'（p.32）が和らげてくれます。

鉢は優美なインテリアに合わせて趣のある素材のシンプルなデザインに。

4 リビングとダイニングの間仕切りに'ベンジャミナ バロック'（p.72）を。'ベンジャミン'は環境の変化により落葉しますが、やや日陰のダイニングでも、水やりの頻度の調整やたまに鉢を窓に向けて回すことで上手に育てられます。

5 階段を上がるとテレビのあるリビングに。窓のある突き当たりにグリーンを置くことで雰囲気づくり。天井が高いので、動きのある樹形の'ドラセナ ナビー'（p.108）を置くと、空間をさらに広く感じさせてくれます。

1 2つのデスクの間の仕切りとして'カシワバゴム バンビーノ'（p.39）を。デスクの素材とブリックタイルに合わせて木枠付きのテラコッタをチョイスすると、インテリアとの統一感が出ます。

2 寝室の隣にあるスペースに落ち着いた雰囲気の'シェフレラ'（p.62）を。さりげなく目隠ししつつ、間仕切りの効果もあります。広い空間に存在感のあるフォルムが引き立ちます。

3 外から窓越しに見えて、入り口からもアイキャッチになる位置に'ジャワゴム'（p.36）。狭いスペースには鉢を置ける大きさに限りがあるので、細長い鉢に合わせることで、植物の実際のサイズ以上の迫力を出します。

4 寝室の窓際に古木の'シェフレラ'（p.62）を置いて。目が覚めると朝日と緑の葉で心身ともに潤います。ブルーグレーで統一されたファブリックに'シェフレラ'のグリーンがポイントに。

5 ペットとくつろぐリビングに'アルテシマ'（p.37）。廊下の突き当たりにあるリビングとダイニングのコーナーは部屋のどこからでも見える場所。すっきりとした空間に1鉢で存在感を発揮します。

1 細長い窓の前など、日照や手入れに心配がある場合は、'ドラセナ コンパクタ'（p.108）などの強健な種類からはじめて、少しずつ増やしてみるのもおすすめ。

2 ヒーターの側面の温度の変わらない場所を利用して'ビカクシダ'（p.112）を吊り下げて。流木に留めて素材感をプラスし、部屋全体の雰囲気づくりのポイントに。

3 リビングダイニングにシンボルツリーの'シェフレラ'。窓の外に緑が見える部屋にインドアグリーンを置くときは、ポイントを絞ることで洗練された印象に。

4 スペースを有効活用して、棚上に'フィロデンドロン'（p.48）を飾ってグリーンを楽しみます。窓から少し離れた半日陰の場所には、写真の'フィロデンドロン'や'ポトス'は活躍してくれます。

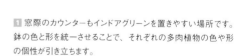

1 窓際のカウンターもインドアグリーンを置きやすい場所です。鉢の色と形を統一させることで、それぞれの多肉植物の色や形の個性が引き立ちます。

2 日当たりのよい部屋のデッドスペースは、インドアグリーンに最適な場所です。小鉢はスリット窓の位置に合わせて、日向向きと半日向向きの植物を棚に配置します。

3 北側の窓際に多肉植物を置きたいというリクエストがあり、日陰でも育てられる植物をチョイス。水やりの間隔を調整すれば、上手に育てられます。

4 キッチンのフリースペースに窓があったので、小物と一緒に、葉の伸び方に動きのあるシダ植物の'アオネカズラ'（育て方はp.87の'トキワシノブ'を参照）を。1鉢置くだけでも潤いのある空間に変わります。

1 キッチンの照明用のレールを利用して吊り鉢を下げて。水回りの近くは水やりしやすいのでおすすめです。ダイニングからも見える日当たりのよい窓際には、形がキュートな'ユーフォルビア'（p.130）などの多肉植物を並べて存在感を出します。

2 化粧室に小さな窓があったのでグリーンを置いてみました。窓や壁の模様に合わせてエレガントな雰囲気の'ダバリア'（p.87）をチョイス。育てやすく丈夫な植物で、風通しに注意すれば化粧室でも飾ることができます。

3 窓から少し離れたキッチンカウンターのフリースペース。壁の余白を生かし、垂れた繊細な葉が美しい'アスパラガス'（右／育て方は p.84 のシダ植物を参照）を置きました。

4 窓辺のカーテンレールを利用してグリーンをいくつか吊り下げ、棚にも数鉢並べてナチュラルに飾ります。'チランジア'や小物なども加えて個性豊かに楽しめるエリアにしました。

5 南側の日当たりのよい部屋。窓の前は日向に強い植物、壁の前は半日向の植物と置き場所を工夫するとバリエーションが広がります。鉢はスタイリッシュなインテリアに合わせてセメント調で統一。

グリーンを育てる

植物を購入して置き場所を決めたら、インドアグリーンライフのはじまりです。植物は具合が悪くなると、シグナルを送りながら時間をかけて枯れていきます。日々観察をして、その声に気づいてあげましょう。新芽が出るのが、生育環境が適しているかどうかの目安。植物が生き生きと育つ姿を見るのは喜びとなります。

自然界の環境を考えて植物を育てる

植物を育てるには、風通しがよく、秋から春は適度に日が当たり、夏は直射日光に当たらないようにするとよいと言われますが、なぜでしょうか。それは、植物にとっていちばんよいのは自然のままの環境＝自然界だからです。

自然界では沢などの湿気が多い場所ではそよ風が吹き、雨が多く降る土地でも土が適度に水分を吸収して排水するので、水に浸かりっぱなしということはありません。ですから、窓を閉めきった空間に置いたり、鉢皿に水を溜めたままにしたりするのはかわいそうです。また、まったく日が入らない場所で育つ植物はありません。「耐陰性がある」というのは、日に当たらなくても育つのではなく、日照不足でも生きる力

が強い丈夫な植物ということです。

植物は気候や環境の変化に適応しようとして、葉を生え変わらせることもあります。具合が悪くなりそうなときに早めに気づき、なぜ具合が悪くなったかを考えることが枯らさずに育てるコツ。そのとき、置き場所や水のやり方を見直してみましょう。たとえば、高木は太陽の光を直接受けるので、日当たりのよい場所でよく育ちます。高木の下で育つ植物は、太陽の光を高木にさえぎられるので、直射日光ではなくカーテン越しのやわらかい光を好みます。自生地が乾燥地帯なのか、熱帯なのか、温帯なのか。育つ気候を考え、小さな変化に気づき、育て方のコツを見つけましょう。

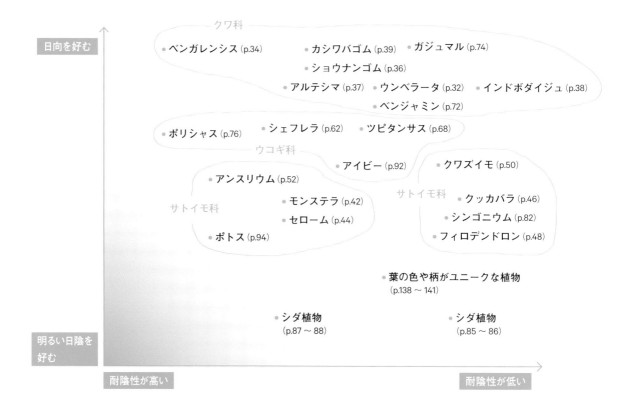

＊上の図は、本書に掲載している植物の中で、主要な科の植物の特性を紹介するものです。
＊斑入りの葉は緑葉よりも強光に弱く耐陰性は低いなど、品種によっても特性は変わりますので、目安としてください。
＊耐陰性があっても、水やりや風通しの環境によっては害虫が発生するなど、健康に育たない場合があるので注意しましょう。

水やりについて

　土の表面が乾いたら、鉢底から出るまでたっぷりと水をやります。これは、ウオータースペースに水が溜まり、それが鉢底から出てくるのを3回繰り返すのが目安。「こまめに少しずつ」ではなく、「表面が乾きはじめたら、たっぷりと」。土にしっかりと水がしみわたることが大切で、「土の容量と同じだけやる」と十分に行き渡ります。そして、受け皿に溜まった水は、蒸れの原因になるので必ず捨てましょう。

　植物は土がやや乾きぎみから乾くまでの間に、根や芽を出して育とうとします。植物が「水が欲しい」と感じたときに水を与えると、生きようとする力を最大限発揮して水を吸収します。水を欲すると多肉植物は葉にしわが寄り、サトイモ科やシダ類、葉の大きな枝ものは葉が垂れます。そして極端に水切れを起こすと、弱い枝を枯らして身を守ろうとします。枝先から枯れる場合は、水やりが少なかった可能性が考えられます。

　日当たりが悪い場所に置いている場合は、土の表面が乾いていても土中は湿っていることがあり、気づかずに水やりを続けていると根腐れしてしまいます。新しく出た葉に徒長（茎が細くなり、葉や枝が必要以上に間伸びして軟弱になった状態）がみられるときは、水やりの間隔を少しあけてみましょう。

　根や幹の構造によっても、水やりの頻度は変わります。根や幹が太い植物は、水を溜めておける場合が多いので、風通しをよくして蒸れないように注意します。蒸れると根元のほう

から溶けてきたり、葉が黄色くなって落ちたりします。元気がないときは吸う力も弱っているので、土が程よく乾くまで待ち、乾いて根が動く＝水を欲するタイミングまで待ってからたっぷりと水をやります。根が細く、葉が細かい植物は水が足りなくなると自己防衛のために葉を落とします。水やりが間に合えば新芽を出すので、たっぷりと水を与えましょう。

　インドアグリーンの多くは、20度以上の温暖な気候を好みます。冬季は水を吸う早さが極端に落ち、温度が低いときに水を与えすぎると木を冷やして弱ってしまいます。また、春先の芽吹くころや、花をつけるころには急に乾くようになります。季節を感じながら土の表面を手で触って、適度な水やりのタイミングをつかんでいくことが大切です。

　屋内では雨や露がない分、葉水をして空中湿度を保つことも必要です。毎日の生活の負担にならない程度に、植物との会話を楽しみながら水やりの方法を研究してみましょう。

鉢カバーに入っている場合は鉢皿の上などに一旦出し、鉢穴から水が出るまでたっぷり水やりをする。

水が鉢底から出てくるのが収まったら、水をしっかり切ってから元の場所に戻す。水が溜まった状態で置いておくと、蒸れて害虫の発生や根腐れの原因になる。

土について

　土は水はけと通気性がよいものが理想。水もちがよく栄養バランスのとれた市販の培養土だけでもよいですが、排水性と通気性に富む赤玉土を混ぜてもよいでしょう。基本の配合は、培養土2：赤玉土（小粒または中粒）1で、乾燥や排水性を好むものは赤玉土を多めに、水切れに弱いものは少なめに。土が乾きすぎるなら培養土を多めにし、日当たりが悪い場所であれば土が早く乾くように赤玉土を多めにするなど、育てる環境によって調整してください。土の排水性、通気性がよいと根が育ちやすく、根がしっかりした植物はより丈夫に育ちます。

市販の培養土（1）をベースに植物の特性や育てる環境に合わせて赤玉土（2）を混ぜる。水はけをよくするために鉢底用の軽石（3）や赤玉土（大粒）を鉢底に数センチ敷くのが基本。

植え替えについて

　水はけが悪くなったり、根が張って鉢底穴から根が出てきたら、根が酸素不足になる前に植え替えを行います。植え替えの適期は4月から10月ごろの極端に暑い日を避けた、気温が20～25度程度の時期がよいでしょう。

　植え替えるときは、古い土と古い根を落として軽くほぐし、ひと回り大きな鉢に植えます。大きく育てない場合は、同じサイズの鉢に植え替えてもよいでしょう。その場合は、古い根を適宜カットしてから植え直します。また、ひと回り以上大きな鉢に植え替えると、土が乾きづらくなり、植物の根が水を吸うペースと急に合わなくなってしまうのでおすすめしません。植え替えは植物にとって多少なりとも負担になるので、強光を避け、置き場所や環境を極端に変えないようにします。

　植え替えで根を切ったときは、木のバランスを保つために切った根と同じ分量くらいの枝を剪定するとよいでしょう。特に細かい枝や葉をもつ品種は急に根を切ると木のバランスが崩れるので、様子をみながら程よく行うのもポイントです。

根が張っていたら、ハサミで鉢底に縦に十字に切り込みを入れて根をほぐすと、植物への負担が少ない。

土を入れたら、根の隙間に土が程よく入るように割りばしや竹串などを縦に適度に差し、土を安定させる。

剪定について

　剪定の目的は、風通しをよくして害虫を発生させにくくし、樹勢のバランスを整えて健康にするために行います。生育が旺盛なインドアグリーンは、伸びすぎた枝を剪定する必要があります。基本的には、葉のついた節の先で切るとその節から新芽が出ます。2つに枝分かれする場合もあります。鉢植えで育てている場合、勢いが強い枝（特に今年伸びた太い枝）に養分が行きやすくなり、貧弱な枝が出てしまうことが多いので、勢いがある箇所を見極め、太い枝や長く伸びる枝の先を剪定します。また、元気がいい場合は初夏に一斉に吹く芽の数を調整し、枝数を減らし風通しをよくします。樹形を変えるための剪定は、どこを伸ばしたいか考えながらゆっくり観察して切る場所を決めるとよいでしょう。

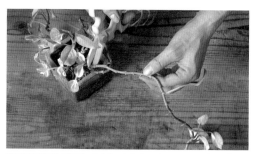

根元の葉が落ちて葉がつるの先のほうだけになってしまった'ポトス'。根元に近い節の先で切り戻すことで、その節から芽が出てコンパクトに仕立て直すことができる。

1本だけ勢いよく伸びた枝をもつ'フランスゴム'。強い枝が極端に伸びると他の枝に栄養が行き渡りづらくなるので、剪定して樹勢を整える。

よくある質問

Q 夏に元気がなくなってしまうのですが……。

A 閉めきった部屋など風通しの悪い場所に置いてはいませんか。温度が高い場所が自生地の観葉植物もありますが、風通しがない場所では蒸れてしまいます。窓が開けられない場合はサーキュレーターなどを使って風を送ってあげてもよいですね。水やりができれば、屋外に出したままにしてもよいでしょう。

Q 枝元から葉が落ちて、先端が伸びすぎてしまったらどうすればよいですか。

A プランターという限られた土の中で生きている観葉植物は、伸びる勢いを保つために古い葉を落とすこともあります。特にもともと大きくなる樹種は、剪定して樹勢を整えながら育てることが必要。切り戻すことで分岐を促し、枝数、葉数を増やしてコンパクトに仕立てられます。

害虫について

　ハダニやカイガラムシなどの害虫は、日当たりや風通しが悪い屋内で葉が乾燥したり、風通しが悪い場所で鉢皿に水が溜まったまま蒸れたりすると発生しやすいので注意します。水切れなどで弱っているときも害虫がつきやすいので、水やりの頻度や日照不足の確認をしましょう。害虫は木の養分を吸って弱らせたり、害虫の排泄物によって病気が発生したりすることもありますので、早期発見が何よりも大切です。

　害虫の活動期は春から秋ごろまで、新芽や枝のへこみに発生することが多いです。発見したら殺虫剤を散布し、駆除します。また、葉の表面や鉢まわりの床が粘着質のものでベタベタしていたら、すぐに湿った布で拭き取ります。歯ブラシなどでこすり落とすのもよいでしょう。非常にしつこい虫が多いので、1か月に1度は必ずチェックするようにしましょう。

　予防としては、霧吹きなどでこまめに葉水をし、風通しのよい場所に置いて日照不足に注意します。10度以上の気温があるときは屋外の半日陰で養生すると、植物にとって雨や風が心地よく、回復が早くなります。

カイガラムシ
カイガラムシは白い綿状の分泌物で覆われており、排泄物は白くてベタベタしているのが特徴。すす病の原因にもなるので早めに除去すること。

ハダニ
葉裏に寄生して栄養を吸うハダニは種類も多い。ハダニがつくと葉に白い斑点やかすり傷がつく。水に弱いので予防には葉水が効果的。

肥料について

　インドアグリーンは丈夫で比較的大きくなる植物が多いので、肥料は必ずしも必要ではありませんが、葉のつきや葉色が悪いとき、新芽が出るとき、植え替えを長くしていなくて土が痩せたときに必要となる場合があります。生育期に勢いをつけたり、花や実をつけたりするための養分補給の目的で肥料を与えましょう。

　肥料が効く温度は18度以上で、基本的な時期としては、新芽が動き出す3月下旬から4月ごろです。真夏や真冬は避け、花が咲くもの、実がつくものなどは秋にも与えます。

　肥料には固形と液体があり、固形肥料は緩効性があり、液体肥料は速効性があります。液体肥料は水に混ぜて与えるものが多く、1〜2週間に1度程度与えます。固形肥料は化学肥料と有機肥料があり、年に1〜2回程度、根の負担にならないように鉢のいちばん外側に適量を置いて、ゆっくりと効かせます。有機肥料は土の改良にもなります。

写真右から、液体肥料と固形肥料。左は活力素で、植物のサプリメントのようなもの。元気がなくなったときでも与えられて、発根を促し、水や養分の吸収を高めて元気な株にする。

Q 購入後、すぐに元気がなくなってしまいました。

A 販売店から移動して、日当たりや水やりのペース、量などの環境が変わったことで、環境の変化に適応しようとしている可能性があります。植物は急激な変化をストレスに感じます。適応できる範囲の変化か否か、観察してみましょう。極端な日照不足でないか確認し、1回の水やりはたっぷりと、土の表面が乾いてきたらまたたっぷりと、を繰り返しましょう。

Q 葉のところどころが茶色くなってしまうのは、なぜですか?

A まずは害虫がついていないか、葉のつけ根や裏側、枝の分かれ目を確認してください。害虫の心配、日照不足の心配がない場合、気温が上がってくる時期は特に、新芽を出そうと古い葉を枯らし、落とそうとしていることも考えられます。そのため水やりが足りているかを見直し、鉢底からたっぷりと流れるくらい水やりをしてみましょう。

本書の見方

本書は、人気のあるインドアグリーンを厳選して紹介しています。各品種についていくつかの固体を紹介するとともに、育て方についてもなるべく詳しく記しました。

品種名

販売店で表記するときによく使う名前（流通名）で紹介しています。学名の場合もありますが、通称名の場合もあります。

日当たり

日向、半日向、明るい日陰の3つに分け、適切な置き場所を記しました。育て方のポイントの項目とあわせて読んでください。

　日向　　直接日光が当たる場所。ただし、夏の強い日差しには弱い植物が多いので、盛夏の直射日光は避けたほうがよい。

　半日向　直射日光の当たらない明るい場所。レースのカーテン越しのやわらかい光が当たる場所など。遮光率 80 〜 60%。

　明るい日陰　窓から少し離れた場所で、暗すぎない場所。半日陰ともいう。遮光率 60 〜 40%。

写真の説明

品種の説明や樹形の特徴、鉢の選び方について説明をしています。特に、鉢との合わせ方は重要なので、参考にしてみてください。

育て方のポイント

置き場所や水やりなど、育てるときに知っておくべきことをまとめました。p.26 〜 29 の育て方のページとあわせて読んでください。

基本データ

学名、科名・属名、原産地の情報のほか、日当たりや水やりについての傾向も記しています。

ダイナミックな印象のグリーン

ウンベラータ

Umbellata

やわらかく大きなハート形の葉は
おおらかなイメージで、
特に人気のある品種です。
春から秋までは流通量も多く
樹形やサイズもさまざま。
丸みのある明るい色の鉢と相性がよく
ナチュラルなインテリアによく合います。
フィカス属の中でも特に
日照不足に弱く、日光を好むので、
夏の直射日光は避けて、秋から春は
日当たりのよい場所に置くことがポイント。

幹の中ほどで剪定され、2本に分かれた枝から細かく小枝がつくられた、バランスのよい大鉢。シンプルなグレーの鉢と合わせてモダンに。

学名	*Ficus umbellata*		
科名・属名	クワ科・フィカス属		
原産地	世界の熱帯〜温帯		
日当たり	日向	半日向	明るい日陰
水やり	好む	普通	乾燥ぎみ

育て方のポイント

■ 日当たりについて

▶ フィカス属の中でも特に日当たりを好みます。初夏から秋までは屋外に置いてもよいですが、半日陰に置いていた株をいきなり強光線に当てると葉焼けを起こすので、様子をみながら移動させます。

▶ 日照不足になると軟弱に育ち、葉が落ちたり、黄色くなったり、葉のふちが茶色くなったりします。新芽が出ないのも日光が足りない証拠です。

■ 温度について

▶ 寒さに弱いので、屋外に置いている場合は10月中には室内に取り込み、日当たりのよい場所で管理します。

▶ 夏の暑さには強いですが、風通しよく蒸れないように注意します。

■ 水やりについて

▶ 土の表面が乾いたらたっぷり与えます。夏の生育期は水をよく吸いますが、日当たりが悪い場合や冬季は、土の表面が乾いたかどうか確認してからやります。

▶ 高温期にはときどき霧吹きなどで葉水を与えます。

■ 害虫について

▶ 日当たりや風通しが悪く、室内が乾燥すると、春から秋にハダニやカイガラムシ、コナカイガラムシがつきやすくなります。頻繁に葉水をし、湿った布で葉を拭くと予防になります。

■ 剪定について

▶ 生育が早いので、枝が伸びすぎて樹形のバランスが崩れてきたら剪定しましょう。春先、幹に新芽が出てきたら、芽の上または葉の上で切ります。切ったところから分岐することが多いので、予測しながら経緯を楽しみます。切り口からゴムノキ特有の白い樹液が出るので拭き取ります。

剪定を繰り返し、しなやかな曲線に育った個性的な樹形。年数を経て生長も緩やかになり、樹勢が整っていく。もともと高木のウンベラータは、伸ばしたままにすると葉が巨大になり、幹とのバランスが悪くなりやすいので、生長の早さに合わせて剪定もまめにするとよい。

コンパクトな中鉢タイプ。緑色の若い茎の生長は早く、ベージュの幹が多いほうが樹形ができているので、購入後の管理がしやすい。

ベンガレンシス

Benghalensis

白い幹と葉脈、丸い葉が特徴で
ゴムノキの中ではモダンでシャープなイメージ。
生長は早くてよく芽吹き、
流通量も多く、人気があります。
幹のやわらかさを生かした「曲がり」の樹形や、
剪定によるさまざまな樹形のパターンがあるので
いろいろなインテリアに合わせられます。
ベンガルゴム、ベンガルボダイジュとも呼ばれ、
その強い生命力から、インドでは
永遠の生命を表す神聖な木とされています。

かたい印象になりがちなベンガレンシスの幹
に剪定を繰り返し、やわらかい印象に仕立て
たタイプ。左に流れる樹形なので、木の流
れに合わせて部屋の右コーナーに置くと効果
的に演出できる。

基本データ	学名	*Ficus benghalensis*		
	科名・属名	クワ科・フィカス属		
	原産地	インド、スリランカ、東南アジア		
	日当たり	日向	半日向	明るい日陰
	水やり	好む	普通	乾燥ぎみ

■ 日当たりについて

▶ 日当たりを好むので、年間を通してよく日に当てます。明るい場所、風通しのよい室内が理想です。多少の耐陰性がありますが、新芽が出ない場合は、木が弱る原因になるので日向へ移動しましょう。

■ 温度について

▶ 冬季の寒さにも比較的強く、一般的な室内であれば越冬できます。夏の暑さには強いですが、風通しよく蒸れないように注意します。

■ 水やりについて

▶ 5～9月の生育期には、土の表面が乾いたらたっぷりと与えます。風通しのよい場所に置き、過湿になりすぎないように注意します。

▶ 気温が20度以下になると生長も緩やかになります。秋口から徐々に水やりの頻度を減らし、冬季は土の表面が乾いて2～3日してから与え、やや乾燥ぎみにします。

■ 剪定について

▶ 1か所だけ枝が急に生長して樹形のバランスが崩れた場合や、古葉が黄色くなって落ちるようなら、剪定をします。春先は、幹に新芽が出てきたら、その芽の上の部分または葉の上で切ります。4月中旬～5月ごろに行うと、新芽が出て、夏には樹形が整ってきます。伸ばしっぱなしにすると葉の枚数が減り、不格好になります。切り口からゴムノキ特有の白い樹液が出るので拭き取ります。

左右につくられた枝は自然な流れに仕立てられ、中鉢ながら大木の存在感をもつ。トラディショナルな印象のカップ型プランターに合わせてエレガントに演出。

自生地では高さ30 mほどまで幹を伸ばして生長する。大鉢になると本来ベンガレンシスがもつ力強さが現れ、幹にほくろのようにつく花や実を見ることもできる。

枝元で茎を曲げた中鉢。どっしりとした鉢でバランスをとって飾ると、木の流れが軽やかに見え、インテリアのポイントになる。

いろいろなゴムノキ (フィカス)

ウンベラータ (p.32)、ベンガレンシス (p.34) などをはじめとするフィカス属の木は、
種類が豊富。フィカスのダイナミックでおおらかな樹形を生かして飾るとよいでしょう。
耐陰性、耐乾性に優れている品種が多く、室内で丈夫に育つので、
初心者にもおすすめです。高木の性質を考え、サイズ選びや環境づくりをすると
長く生活を共にする木になるでしょう。基本の育て方はベンガレンシスを参考に。

ショウナンゴム (イレグラリス)

原産地はシンガポールで、細葉がしなやかに垂れた姿と幹から出
る気根が美しい。日照不足、水不足で葉が落ちることがあるが、
日当たりのよい場所で管理すれば比較的育てやすい。

エラスティカ

'ロブスター'、'デコラ'、'バーガンディー' と多くの品種がある。
写真は、赤黒みを帯び、鮮やかなツヤのある葉をもつ 'バーガ
ンディー'。主幹を切って、左右に枝分かれさせた樹形が美しい。
時間をかけて育てられた左の鉢のほうが生長が遅く、幹が太く気
根が出ていて風格がある。

アルテシマ

'ベンガレンシス'（p.34）と同じく比較
的流通量が多い。幹が茶色く、緑葉
と斑入り種がありやわらかい印象。ナ
チュラルなインテリア、シンプルな部屋
のポイントになる。しなやかな曲げの樹
形もアルテシマならでは。

　　　　　　　　　　　　　　　　　Chapter 1　いろいろなゴムノキ

インドボダイジュ

薄いハート形の葉で、先端が細く長い。ブッダがこの木の下で悟りを開いた
と言われる神聖な木で、インドの結婚式では、'ベンガレンシス'を夫、'イン
ドボダイジュ'を妻として庭に植える習慣もあるそう。基本の育て方は、'ウ
ンベラータ'（p.32）を参考に、日照不足に注意し、夏の直射日光を避け、
明るい室内で育てること。

フランスゴム （ルビギノーサ）

オーストラリア東部の原産で、水辺でも乾燥地
帯でも強く育つ。フランス人の植物学者によっ
て発見されたことが名前の由来。ツヤのある深
緑の細かい葉と気根をもつ姿は、洗練されたモ
ダンなインテリアに合う。日照と風通し不足で過
湿ぎみの場合、害虫が発生しやすいので注意。

ベルベット

ジャワゴムの変異種で、新芽や葉の裏側がベル
ベット状の軟毛に覆われ、赤い枝と深いグリーン
の葉色が印象的。大きな葉が特徴的で、小鉢
でも、広がりを意識した飾り方と鉢合わせを。

カシワバゴム

葉の形状がカシワの葉に似ているため、この名で
呼ばれている。葉の重さと幹のやわらかさがあるた
め、流れるような樹形に仕立てることができる。相
反するがっしりした鉢に入れてしなやかさを際立たせ
て。写真の小型種 'バンビーノ' も人気。新芽が
出ないような日当たりの悪い場所に置くと、ハダニ
やカイガラムシが発生し、樹勢が落ちる。

若くやわらかいうちに曲げた枝と、まっすぐ自由に伸びた幹が混在する一鉢。ツヤのある丸い新芽がかわいらしい。

シーグレープ

Coccoloba

幹がやわらかくて曲がりやすく、
緑色の葉に赤みを帯びた主脈が美しいグリーン。
流通時期は限られますが、
インテリアのアクセントになる
かわいらしい葉が魅力で、人気があります。
海岸地に自生しているブドウということで、
別名「ハマベブドウ」と呼ばれ、
鉢植えでも大きく育てると花を咲かせます。
雌雄異株ですが、まれにブドウのような
紫の実をつけた木を見ることがあります。

基本データ

学名	*Coccoloba uvifera*		
科名・属名	タデ科・ココロバ（ハマベブドウ）属		
原産地	アメリカ南部〜西インド諸島		
日当たり	日向	半日向	明るい日陰
水やり	好む	普通	乾燥ぎみ

育て方のポイント

■ 日当たりについて

▶ 日当たりと風通しのよい場所を好みます。ただし、夏季の直射日光は避けて、レースのカーテン越しの明るい場所に置きましょう。寒さに弱いので、冬季は特に日当たりのよい場所へ移動して。

■ 温度について

▶ 寒さに弱く、特に冬季は生長が止まります。生育期に屋外に置いてもよいですが、10月中には室内に取り込み、冬季は日当たりのよい暖かい場所で管理します。

■ 水やりについて

▶ 土の表面が乾いたらたっぷり与えます。極度な水切れを起こさないように注意。冬季は生長が止まるので、土が乾くのを確認しながら、乾かしぎみに育てます。

▶ 湿気が多い海辺に自生しているので、空気の乾燥した状態が続くと落葉します。葉水を与えるとよいでしょう。エアコンなどの冷風、温風には当てないように気をつけて。

■ 害虫について

▶ 日当たりや風通しが悪く、室内が乾燥すると、春から秋にハダニやカイガラムシ、コナカイガラムシがつきやすくなります。頻繁に葉水をするか湿った布で拭くと予防になります。

■ 剪定について

▶ 冬季や花後に葉が傷んだ場合は、春になったら屋外の直射日光の当たらない半日向に移動して切り戻します。芽が出たときにバランスがよい場所で、葉を1枚以上残して葉の上で剪定するのが基本です。葉水を与えて管理すると、比較的容易に再生します。

やや横長で楕円形の葉が愛らしく魅力的。花や実をつけると葉に養分が行きづらく、害虫が発生しやすくなるので、花芽を摘むこともときには必要。

枝の分岐は少ないので、大鉢は寄せ植えされているものが主流。葉脈の色は生長過程の環境によって変わる。広がりのある木は口のすぼまった鉢に入れると、さらに広がりが強調されて伸びやかに見える。

モンステラ

Monstera

切れ目が入った大きな葉が特徴の
存在感のあるグリーン。
力強く伸びた葉の様子、
幹のうねり方、気根の出方など、
樹形のおもしろさを楽しめます。
丈夫で育てやすく、多少の日陰でも
育て方次第では生育可能です。
水をやりすぎると、徒長したり、
根腐れを起こしたりするので
根は乾かしぎみにすること。
根が下に伸びる性質も考慮して、
鉢選びをするとよいでしょう。

以前は、葉が多く、茂ったつる性を生
かした仕立てが人気だったが、最近の
主流は、気根と葉のバランスを楽しむ
「立ち性モンステラ」。気根が大きな
葉と幹を支えるように立つ姿は、ダイナ
ミックさと繊細さの両方の魅力をもつ。

基本データ

学名	*Monstera*		
科名・属名	サトイモ科・モンステラ属		
原産地	熱帯アメリカ		
日当たり	日向	半日向	明るい日陰
水やり	好む	普通	乾燥ぎみ

育て方のポイント

■ 日当たりについて

▶ ジャングルの高木の下で育つため、一年を通して、直射日光が当たらない明るい日向が適所です。

▶ 多少の耐陰性はありますが、全く日が当たらない場所は避けましょう。暗すぎる場合、根も茎もひょろひょろと伸びて軟弱になります。

■ 温度について

▶ 高温多湿を好み、夏の暑さに非常に強いです。ただし、風通しが悪い場合は蒸れないように注意しましょう。

▶ 東京以西でまれに屋外で冬越ししますが、夏から屋外で徐々に温度に慣らし、根ができたころに冬を迎えている場合は可能のようです。葉が傷むようなら室内へ取り込みましょう。

■ 水やりについて

▶ 土の表面が乾いたらたっぷりと与えますが、水やりの回数が多いと徒長しやすく、根が弱るので乾燥ぎみに育てます。節間や茎が伸びすぎたら、水のやりすぎと考えて。冬季や日陰の場合は、土の表面が乾いて2〜3日してから与えます。

▶ 空中湿度を好むので、こまめに葉水をするとより元気に育ちます。

■ 剪定について

▶ 根に近い古い葉が落ちて茎が伸び、背丈が大きくなってくると、バランスが悪くなり、倒れやすくなります。切り戻さない場合は、重心のとれた鉢に植え替えると安定します。根が下に伸びる性質があり、元気なときは気根が多数出てきます。気根は床につくようなら剪定しますが、程よく残して樹勢を保つとよいでしょう。

▶ 初夏に、葉を1〜2枚残して根元近くまで切り戻してもよいでしょう。その後、茎から芽が吹いてきます。葉の枚数や幹の長さが減ると水を吸う量も減るので、水やりの間隔をあけます。切った茎は挿し木にして増やすこともできます。

斑入りのモンステラ。ラテン語で「怪物」を意味する名のとおり、不思議な魅力を放つ。デリケートな斑入り種は、日照や風通し不足、強光による葉焼けにも注意して管理しましょう。

株が小さくても葉にきれいに切れ込みが入るように品種改良された'デリシオサ・コンパクタ'。小型の品種はインテリアに合わせやすい。新しい葉は1年で2〜3枚程度、ゆっくり時間をかけて出る。

セローム

Selloum

動きのあるダイナミックな葉が印象的なセローム。
フィロデンドロン特有の葉痕の模様は
エキゾチックで神秘的です。
幹のうねり方や気根の出方、
葉の広がり方はそれぞれ特徴的で、
太陽の向きを計算して置き場所を考え、
生長の過程を見るのも楽しい。
サトイモ科の植物は空中湿度を保つのがコツで、
水のやりすぎには注意が必要です。

おおらかに大きく広がった葉と絶妙なバランスで立つ幹の曲線が美しい一本。伸びてきても倒れないように生長点の向く方向と反対から太陽を当てるとよい。

<table>
<tr><td rowspan="5">基本データ</td><td>学名</td><td colspan="3">Philodendron selloum</td></tr>
<tr><td>科名・属名</td><td colspan="3">サトイモ科・フィロデンドロン属</td></tr>
<tr><td>原産地</td><td colspan="3">ブラジル、パラグアイ</td></tr>
<tr><td>日当たり</td><td>日向</td><td>半日向</td><td>明るい日陰</td></tr>
<tr><td>水やり</td><td>好む</td><td>普通</td><td>乾燥ぎみ</td></tr>
</table>

■ 日当たりについて

▶ 室内の明るい場所か、窓辺のレースのカーテン越しで管理してください。あまり強い日光に当てると葉焼けを起こすので注意します。

▶ 日照不足の場合は徒長が見られ、葉の色も悪くなります。土を乾燥ぎみに保つことで多少は適応しますが、根腐れしないように注意が必要です。

▶ 茎から生える根は気根の一種で、本来は大木に絡みつくように出ます。大鉢の場合は、木の重心のバランスがとれるように、太陽の向きに合わせて木を回しながら、幹を仕立てます。

■ 温度について

▶ 高温多湿を好み、夏の暑さには非常に強いですが、風通しをよくするとなおよいでしょう。

▶ 屋外に置いている場合、冬季は室内に取り込み、10度以上の場所で管理しましょう。寒さで葉色が悪くなるので、取り込むタイミングの目印にしてください。

■ 水やりについて

▶ 土の表面が乾いたらたっぷり与えます。一年を通して水やりの間隔をあけて、乾燥ぎみに育てます。日当たりが悪い場合は、葉が下がってくるのを目印に水やりをすると、根腐れ防止にもなります。

▶ 冬季は生育が鈍るので、土の表面が乾いて2〜3日してから水を与えてください。水をやりすぎると葉が貧弱になり、茎の徒長が見られるので、日数は目安にして、土の乾きを含めて観察しましょう。

▶ サトイモ科は空中湿度を好むので、水やりとは別に、霧吹きなどでこまめに葉水を与えると効果的です。

棚に置いてちょうどよい中鉢サイズ。葉の広がりを強調するベーシックな形で、みずみずしい葉色を引き立てる落ち着いた色の鉢に合わせる。

気根のおもしろさを意識して寄せ植えした小鉢。大地から立ち上がるように生えた自由な動きは、セロームの小株ならでは。

045

Chapter 1　セローム

クッカバラ
Kookaburra

葉痕を残した幹と気根が絡まり合いながら
生長する姿は、個性的でワイルドな印象。
四方八方に勢いよく伸びるギザギザの葉も
インパクトがあり、強い存在感を放ちます。
夏の直射日光に当てると葉焼けし、
日陰では新芽が生長しないので
気に入った場所を見つけてあげるのがコツ。
空中湿度を好むサトイモ科の植物は、
水のやりすぎに注意。
根は乾かしぎみに管理し、
葉水をこまめに与えて丈夫に育てましょう。

複数の幹から伸びた気根が絡まり合い、ワイルド
さを増した大鉢。株立ちになり、葉が落ちた後
は葉痕が残る。バランスよくシンボリックに飾る
ため、重厚なブロンズ色の鉢に入れて。

基本データ	学名	*Philodendron kookaburra*		
	科名・属名	サトイモ科・フィロデンドロン属		
	原産地	南アメリカ		
	日当たり	日向	半日向	明るい日陰
	水やり	好む	普通	乾燥ぎみ

育て方のポイント

■ 日当たりについて

▶ 室内の明るい場所で管理しましょう。光が足りないと株が軟弱になり、一度弱ってしまうと復活させるのが難しいので、日向から半日向での管理をおすすめします。

▶ 日照不足になると葉が小さくなって落ち始め、ハダニなどの害虫もつきやすくなります。

▶ 夏の直射日光に弱く、葉焼けを起こすので、屋外で管理する際には遮光しましょう。

■ 温度について

▶ 生育適温は10度以上、耐寒温度は5度くらいですが、急激な温度変化はよくありません。霜にあたらなければよく、加温していない室内でも冬越しします。

▶ 屋外で管理している場合は、10月下旬に室内への移動をおすすめします。

■ 水やりについて

▶ 土の表面が乾いたらたっぷりと与えますが、水やりの回数が多いと徒長し、根が弱るので乾燥ぎみに育てます。冬季は、土の表面が乾いて2〜3日してから与えます。特に、日照不足の場合は水のやりすぎで枯らしてしまうケースがあります。

▶ 古い葉が開いてくる場合は、水やりが足りない可能性があります。

▶ サトイモ科の植物は空中湿度を好むので、水やりとは別に霧吹きなどでこまめに葉水をします。葉水は害虫の予防にもなります。気根から空気中の水分を吸収し、それが土に達すると、土にも根を広げます。

■ 剪定について

▶ 茎が伸びてきたら、主茎を切って止めると周囲に子株が発生し、株が大きくなります。子株を切り取って、切り口を乾かしてから挿し木にすることもできます。その場合は、葉を1〜2枚残して挿し、土が乾いたらたっぷり水をやるとよいでしょう。

■ 肥料について

▶ 肥料が多いと葉色があせるので注意が必要です。与える場合は、春から秋にかけて緩効性の置き肥を与えます。

セローム（p.44）の葉と比べると縦に細長く、厚みがあり、深緑でしっかりしている。たくさんの葉がコンパクトに茂り、インテリアをワイルドで個性的に演出する。

黄金葉の斑入り種の'クッカバラ・ライム'。明るくランダムに入る斑が力の抜けた雰囲気で、葉の色が明るいので合わせるインテリアもナチュラルからモダン、シンプルまで幅広い。

いろいろなフィロデンドロン

ギリシャ語で「木を好む」という意味のフィロデンドロンは、木に絡まって生長する植物。
つる性、ほふく性、直立性など多種あり、葉色も豊富。小鉢でも葉の存在感があり、
インテリアにとけ込みやすく、雰囲気づくりには欠かせません。
置き場所のコツをつかめば管理は容易で、葉色が美しくなる場所がいちばんの適所と考えて。
基本の育て方は同じフィロデンドロン属のクッカバラ (p.46) を参考にしてください。

ヤッコカズラ

節から気根を出して他の木に絡みつくつる性で、ゆ
っくりと生長する。深い切れ込みのある葉が特徴的
な品種で、どっしりとしながらも自然に垂れ下がる姿
を生かすため、シンプルなセメントの鉢に合わせて。

オキシカルジウム

ハート形の葉をもつつる性植物で、'ヒメカズラ' とも
呼ばれる。耐陰性も多少あり、生長は早いので、乾
燥ぎみにすれば半日陰でも育てやすい。薄いグリー
ンの葉は部屋の印象を明るくしてくれる。

〔左上〕
マンダリ

ライムグリーンの葉と黄色い茎、赤みのある新芽が鮮やか
で美しい品種。葉色の美しさを際立たせるために、リブに
シルバーが入ったシンプルなセメントの鉢を合わせて。

〔右上〕
インペリアルグリーン

フィロデンドロンの中では、生長が遅めで耐陰性がある。
美しく生えそろう濃い緑の葉が鉢から溢れるようなバランスを
意識し、また、今後垂れることも想定して、模様入りのどっ
しりとした古代風の鉢に入れて品よく飾る。

〔右〕
シルバーメタル

細めで、メタリックなシルバーの葉をもつ品種。葉の色に合
わせて、やや光沢感のある鉢を選ぶ。生長したらときどき伸
びすぎた葉を切ってバランスを整えるとよい。

クワズイモ

Alocasia odora

物語に登場しそうなファンシーで素朴な雰囲気で、
アジアンインテリアにも合うクワズイモ。
水やりの翌日、葉先からしずくが垂れるのも神秘的です。
根に毒があるのでこの名前がついていますが、
その分、害虫もつきにくく育てやすい。
熱帯地方の大樹の根元などに自生する植物で、
自生地と同じく、半日向の環境づくりを意識すれば
初心者にもおすすめですが、日照不足に弱く、
日陰では根腐れも起こしやすいので
やわらかな光が当たる場所で育てるとよいでしょう。

大きな2枚の葉がインパクトのある中鉢。鉄製の
アンティークボックスを合わせて、葉のやわらかさ、
新鮮さを強調するようにマルシェ風に飾る。

学名	*Alocasia odora*		
科名・属名	サトイモ科・アロカシア（クワズイモ）属		
原産地	熱帯アジア		
日当たり	日向	半日向	明るい日陰
水やり	好む	普通	乾燥ぎみ

■ 日当たりについて

▶ 明るい場所を好みますが、熱帯の大樹の根元などに自生しているので、夏の直射日光は苦手で、葉が焼けてしまいます。レースのカーテン越しの窓辺など、暗すぎない場所に置きましょう。

▶ 日照不足の場合、新芽が出なかったり、徒長が見られたりするので、環境づくりの目安にしてください。

■ 温度について

▶ 寒さには比較的弱く、葉が傷むので冬季は屋内での管理がおすすめです。日本国内にも自生地があり、5度くらいでも越冬しますが、霜よけは必要です。

▶ 夏季の高温多湿を好みます。ただし、室内では蒸れないよう、風通しに注意しましょう。

■ 水やりについて

▶ 土の表面が乾いたらたっぷりと与えます。排水、通気不足で根腐れすることが多いので、根は乾燥ぎみにします。冬季は水やりを控えましょう。日照や温度不足で水をやりすぎると根が腐り、木を冷やす原因になるので、水やりは温度の高い日中に行いましょう。

▶ サトイモ科の植物は空中湿度を好むので、水やりとは別に、霧吹きなどで葉水をこまめに与えるのも効果的です。

■ 植え替えについて

▶ 生長が早く、根が太くなるので、水はけが悪くなったら5月前後に植え替えをします。その際、2～3本に株が分かれていれば、株分けをして別々に植えてもよいでしょう。

棚の上に置いてもかわいいミニサイズの鉢。ふっくらした幹に癒される。生長を緩やかに小さく育てるには、水はけや根詰まりを考慮しながらも、鉢を極端に大きくしすぎないこと。

葉の丸みに合わせて丸いフォルムの鉢をセレクト。シルバーカラーの鉢はさまざまなインテリアに合わせやすい。株立ちのものは、生長すると葉の出方をさまざまにし、見た目のバランスも崩しやすいので、根が詰まる前に株分けをして。

クワズイモの花。花が咲いた後の実の中に入っている種からも増やせるそう。

アンスリウム

Anthurium

赤や白などに色づく、

花びらのように見える部分は

仏炎苞と呼ばれ、苞が大きく変化したもの。

そこから棒状に伸びた肉穂花序に

小さい花が多数つきます。

最近は、葉を楽しむ品種が多く流通し、

葉の色や模様、質感などはさまざま。

中鉢程度のサイズ感もインテリアに合わせやすく、

比較的育てやすいです。

大樹の元で育つ植物なので、

直射日光は避けながらも、日照を確保し、

水やりは控えめに育てるのがよいでしょう。

学名	*Anthurium*		
科名・属名	サトイモ科・アンスリウム属		
原産地	熱帯アメリカ		
日当たり	日向	半日向	明るい日陰
水やり	好む	普通	乾燥ぎみ

育て方のポイント

■ 日当たりについて

▷ 一年を通して、直射日光の当たらない明るい場所で管理します。強い直射日光に当てると葉焼けを起こして葉が茶色く枯れ、見た目も悪く生長も衰えます。ただし、日照不足になると生長が止まるので目安にしてください。

■ 温度について

▷ 寒さには弱いほうで、7～8度程度の寒さには耐えますが、葉は落ちてしまうので、葉を落とさずに管理するには、最低10度以上の気温が必要です。冬季は特に、暖かく日当たりのよい場所で管理しましょう。

▷ 花を咲かせたい場合は、17度以上の気温が必要です。

■ 水やりについて

▷ 4～10月の生育期は、土の表面が乾いたらたっぷりと与えます。太い根をもつため、過湿には弱く、常に土が湿っているような状態では根が腐ってしまうことがあります。乾燥には強いですが、極端に乾燥させると、葉が下のほうから黄色くなって落ちていきます。新芽の葉の色を確認しながら水やりをしましょう。

▷ 冬季は水やりの回数を少なくします。気温が低いと生長せず、根も水を必要としないので、土がしっかり乾いてから水をやりましょう。空中湿度を好むので、気温がある程度保てる場合は、冬季も霧吹きなどで葉水も与えるとよいでしょう。

■ 害虫について

▷ 日当たりや風通しが悪いと、カイガラムシが発生することがあります。葉水で予防をするとよいでしょう。

■ 植え替えについて

▷ 根詰まりすると生育が悪くなり、花つきも悪くなります。6～7月中旬ごろ、2年に1度くらい、通気性のよい土を使って植え替えるのがおすすめです。

▷ 植え替えの際、株が増えていたら株分けします。ひと鉢に対して2～3株を植えると見栄えがよいです。

▷ 葉が少ない場合は、植え替えのときに元肥を与えます。

実になりかけ始めた'クラリネルビウム'。熟すとオレンジ色になる。葉が増えると花が咲きやすくなるそう。

花を楽しむ定番のアンスリウム。花色は白のほか、鉢植えでは赤、緑、ピンク、紫がポピュラー。

ツヤのある大きな葉を楽しむ'ジャングルキング'。ワイルドで力強い美しさが人気。

'レギネ' の変種で、葉が円柱状の 'ユンケア'。
モダンなオブジェのような雰囲気をもつ。水鉢の
ようなシンプルで安定感のある鉢を合わせて、元
気に自由に伸びる葉を、より生き生きと見せる。

ストレリチア

Strelitzia

品種によって葉のイメージがガラリと変わるストレリチア。
'オーガスタ' は、ゴージャスでトロピカルな印象、
極楽鳥花と呼ばれる 'レギネ' は、オレンジ色の華やかな花で親しまれ、
変種の 'ノンリーフ'、'ユンケア' は個性的で洗練された雰囲気です。
丈夫で育てやすく、インテリアに合った品種を選べるのも魅力。
日当たりのよい場所に置くと、新芽がどんどん伸びてきて大株になり
圧倒的な存在感があります。

基本データ

学名	*Strelitzia*		
科名・属名	バショウ科・ストレリチア属		
原産地	南アフリカ		
日当たり	日向	半日向	明るい日陰
水やり	好む	普通	乾燥ぎみ

育て方のポイント

■ 日当たりについて

▶ 直射日光を好むので、秋から春はたっぷり日に当てて育てますが、真夏は葉が傷むのを防ぐため遮光します。日照不足になると葉の軸が細くなって、葉全体が垂れ下がってくることがあります。新芽が出ない場合、新芽が衰弱になる場合は日照不足が原因です。

■ 温度について

▶ 夏の高温多湿には強く、冬の寒さにも比較的強いです。2〜3度あれば室内で問題なく冬越しできます。

■ 水やりについて

▶ 根が水分を蓄えられるような多肉質の構造になっており、乾燥に強い植物ですが、春から秋はよく生長するので、土の表面が乾いたらたっぷり与えます。冬季は寒さで生長が鈍るので、水やりの回数を減らし、乾かしぎみに管理します。

▶ 水不足になると葉先が茶色く枯れるので目安にして。

▶ 暖かい時期にはときどき葉水と、年に1〜2回肥料を与えます。

■ 害虫について

▶ 日当たりや風通しが悪いと、カイガラムシが発生します。葉水で予防をするとよいでしょう。

■ 株分けについて

▶ 新芽がどんどん出て株が大きくなり、鉢が根でいっぱいになったら、株分けをしてそれぞれ植え替えます。排水性がある肥沃な土を好みます。

'ニコライ'という品種名で、流通名は'オーガスタ'。自生地では10mくらいの高木になり、白〜淡い青色の花が咲く。葉の優雅な雰囲気に合わせ、また皇帝の名にふさわしく、アンティークベースに入れるとさらに存在感が増す。

'レギネ'の変種で、ペンのように細く、葉がない'ノンリーフ'。個性的だからこそ、細長いカジュアルな鉢と合わせてインテリアになじませ、さりげなく飾る。

ザミア

Zamia

幹はほとんどが地中にあり、
太い幹から放射状に伸びる葉が特徴。
主脈から複数の葉が左右に広がり
とげがあるものもあります。
古株になると生長は遅くなり
同じ樹形を長い間、楽しむことができます。
若い苗の場合は大きくなることもあるので
生長を見ながら植え替えを。
比較的育てやすく、存在感があるので
初心者にもおすすめです!

代表的な'ザミア・プミラ'は、ザミアの中では
葉が丸くてやさしい印象。「メキシコソテツ」とも
呼ばれる。スモーキーな葉色とターコイズ色を合
わせて、メキシコをテーマに。テーマを決めて飾
るのも楽しみのひとつ。

基本データ		
学名	*Zamia*	
科名・属名	ソテツ科・ザミア属	
原産地	アメリカ南部、メキシコ	
日当たり	日向　　半日向　　明るい日陰	
水やり	好む　　普通　　乾燥ぎみ	

育て方のポイント

■ 日当たりについて

▷ 年間を通してできるだけ日当たりのよい場所に置いてください。日照不足になると葉が徒長して垂れ下がってきます。

▷ 夏季はできるだけ日光に当てるようにし、冬季は窓越しの日光が当たる場所が最適です。

■ 温度について

▷ 寒さには弱いので、暖地でなければ、霜にあたらないように冬は室内へ移動させましょう。10度以上が理想です。

■ 水やりについて

▷ 乾燥に強く、過湿に弱いです。春から秋は土が乾いてから水やりをし、冬は2週間に1度程度でよいでしょう。ただし、水が少ないと葉色が悪くなり、枯れる場合もあります。

■ 害虫について

▷ 日当たりや風通しが悪いと、春から秋にカイガラムシが発生することがあります。葉水で予防をするとよいでしょう。

■ 植え替え

▷ 生長が遅いので、根詰まりなどによる植え替えの心配はほとんどありません。4年に1回程度、鉢土の栄養がなくなり株の元気がなくなったら、排水性のよい土（赤玉土や鹿沼土、砂などの混合）で植え替えるとよいでしょう。株分けで増やすこともできます。

地際から四方八方に葉を広げる'アンガスティフォリア'。落ち着きのあるつぼに植えると、葉の勢いに豊かさが加わる。

'ザミア・プミラ'の小鉢。クローバーのような葉がかわいらしく、女性にも人気。今後大きくなることを想定して、葉が伸びてもバランスがとれる鉢に合わせる。

'フロリダザミア'はマツやオークの林に生え、やわらかくしなやかな葉と、半分を地上に出すゴツゴツと肥大した茎をもつ。生長が遅いこの植物の姿はまるで盆栽のよう。

057

ヤシ
Palmae

海辺の街路樹などで見かける
カナリーヤシのイメージが強いですが
園芸品種は豊富に流通し
スタイリッシュに演出したいときに
さりげないグリーンとしての役割を
果たしてくれます。
耐陰性があり、生長も遅く、
インドアグリーンとして求められることを
すべて叶えてくれる、うれしい存在。
丸葉の木や乾燥系のサボテンと合わせると、
主役を引き立てる
名脇役としての力を発揮します。

ビロウヤシ

学名	*Livistona rotundifolia*
属名	ビロウ属
原産地	東南アジア、沖縄

大きく広がった葉が特徴の"ビロウヤシ"は、シン
プルなブロンズ色の鉢で葉のみずみずしさを強調。
クールな鉢とヤシの組み合わせは、インテリアを
選ばず、和風、アジアン、ヨーロピアン、モダン
など、シンプルなインテリアのポイントになる。

基本データ		
学名	品種ごとに記載	
科名	ヤシ科	
原産地	品種ごとに記載	
日当たり	日向　　半日向　　明るい日陰	
水やり	好む　　普通　　乾燥ぎみ	

育て方のポイント

■ 日当たりについて

▶ 日当たりのよい場所を好みますが、夏季の直射日光は避け、レースのカーテン越しに置きます。強い日光に当てると葉が黄色くなって葉焼けを起こす場合があります。耐陰性はありますが、日陰で育てていると葉の色つやが悪くなり、害虫もつきやすくなるので、明るい場所に移動させましょう。

■ 温度について

▶ 寒さで葉が傷むことがあるので、美しい葉を保つには、冬季は5度以上で管理します。品種によって耐寒温度が異なるので、屋外に置いている場合、寒さに弱いものは室内に取り込みましょう。

■ 水やりについて

▶ やや湿りぎみの環境を好みますので、土の表面が乾いてきたらたっぷりとやりましょう。冬季は水やりを控えます。
▶ 空中湿度を好むので、水やりと同時に霧吹きなどで株全体にもたっぷりとかけるとよいでしょう。ジョウロで葉の上から水をかけるのも効果的。

■ 害虫について

▶ 高温かつ乾燥した環境でハダニやカイガラムシが発生します。葉水で予防をするとよいでしょう。風通しが悪いとカイガラムシが発生します。

■ 植え替えについて

▶ 根詰まりして鉢底から根が出てきたり、新芽の伸びが悪くなったりしたら、4〜6月に植え替えをします。2〜3年に1度を目安にしましょう。

トックリヤシ

学名　*Mascarena lagenicaulis*
属名　トックリヤシ属　　原産地　マスカリン諸島、モーリシャス共和国

根元が徳利のように膨らみ、葉の先がオレンジがかっているのが特徴。ヤシの中でも生長が遅く、耐陰性はあるが、寒さには弱いので、温度管理に注意して10度以上を保つ。徳利部分に水を蓄えることができるので、水のやりすぎにも注意。

高性チャメドレア

学名　*Chamaedorea microspadix*
属名　チャメドレア属
原産地　中南米、熱帯アメリカ

小型で単幹のヤシ。ヤシの中では寒さに強いが、霜にあたらないように冬季は室内で育てる。広がりのある羽状葉には、模様がデザインされた腰高の鉢を合わせてモダンに。

チャメドレア・テネラ

学名 *Chamaedorea tenella*
属名 チャメドレア属　**原産地** 中南米

ギリシャ語で「小さな贈り物」という名前をもつ。ヤシの中では、耐陰性、耐寒性、耐乾性があり、虫もつきにくいため、育てやすい。メタリックな葉はある程度遮光したほうがシルバーが強く出る。緑の葉とオレンジの蕾のコントラストもおしゃれ。

チャボヤシ

学名 *Reinhardtia gracilis*
属名 レインハルティア属
原産地 中国、熱帯アメリカ

'アメリカアミヤシ' とも呼ばれ、葉の中央付近に網目状に穴があいているのが特徴。以前はある程度生産されていたが、最近は希少な品種。行儀よく並んだ繊細な葉を強調するシンプルな鉢をチョイス。

チャメロプス・フミリス

学名 *Chamaerops humilis*
属名 チャメロプス属
原産地 中国南部、日本（主に九州南部）

耐寒性があり、東京以西では屋外でも越冬が可能。乾燥にも湿度にも強く、日陰にも直射日光にも耐え、また耐潮性もある強健な品種。落ち着きのある雰囲気と、シルバーブルーの葉はモダンで洗練されたインドアグリーンになる。

やわらかい印象のグリーン

シェフレラ
Schefflera

シェフレラは、品種が多く丈夫なため
数多く流通しているグリーン。
幹がやわらかく、生長が早いという
性質があるので、仕立て方もさまざまです。
シャープな木、しなやかな木、
存在感のある木、やわらかい木と
好みの雰囲気の樹形を選ぶことができ、
インテリアに合わせやすいのも魅力。
基本的には日向を好みますが、
多少日当たりが悪くても育つ優等生です。

一般的なシェフレラというと ʻシェフレラ・
アルボリコラʼ を指す。剪定を繰り返し、
手を加えて仕立てられたしなやかでスマ
ートな樹形には、凛としたモダンな鉢を
合わせて、全体をひとつの流れにする。

学名	*Schefflera*		
科名・属名	ウコギ科・シェフレラ属		
原産地	中国南部、台湾		
日当たり	日向	半日向	明るい日陰
水やり	好む	普通	乾燥ぎみ

■ 日当たりについて

▷ 日当たりがよく、風通しのよい場所を好みますが、夏の直射日光は避けます。耐陰性があるので置く場所は選びませんが、日当たりや風通しが悪いと、ハダニがついて株が軟弱になり、落葉するので、生長をさまたげない程度の日当たりがある場所に置きます。

▷ 日当たりの悪い場所から急に直射日光に当てると、葉焼けを起こします。徐々に移動するようにしましょう。

■ 温度について

▷ 耐寒性があるほうなので、東京以西では屋外で冬越しできる場合もありますが、葉が傷むので、冬季は室内で管理しましょう。

■ 水やりについて

▷ 土の表面が乾いたらたっぷり与えます。乾燥に強いほうなので、水やりを控えめにすると株が締まり、丈夫になります。

▷ 冬季は土が乾きにくくなるため、水やりの回数は控えめにします。空気が乾燥しているときは、暖かい午前中に葉水を与えるとよいでしょう。

▷ 夏の生育期は水切れに注意しましょう。

枝を詰めて小枝をつくり、全体にこんもり茂らせた'アルボリコラ'はやわらかい印象。シンプルで自然な素材感のある鉢を合わせて、くつろげる空気感を演出。

■ 害虫について

▷ 日当たりや風通しが悪く、空気が乾燥するとハダニがつきやすくなります。早期発見して殺虫しましょう。放置すると木の養分が吸われ、いずれ枯れてしまいます。葉水で予防をするとよいでしょう。

■ 剪定について

▷ 年間を通して剪定が可能です。生長が早く、まっすぐに伸びる性質のため、枝のバランスが悪くなったり、1本だけ強く伸びたりするようなら剪定しましょう。

▷ 花がついた場合、木の栄養が花に行ってしまい、アブラムシも発生しやすくなるので、健康を保つためには、早めに花の首元から切ることも必要です。

'シェフレラ・チビスケ'は、半着生して枝から気根をたくさん出す品種。アンティークの集水器をベースに、自然をイメージして植え込む。小型の'チビスケ'なら、枝も葉も細かく飾りやすい。

いろいろなシェフレラ

'ホンコンカポック' として知られるポピュラーな 'アルボリコラ' をはじめ、
多くの品種が流通するシェフレラ。ツピタンサス (p.68) もそのひとつです。
サイズや樹形、葉の印象によってイメージが変わるので、出番が多いグリーン。
シンプルな木ならではの主張しすぎない存在感は、
鉢合わせでさらに楽しむことができます。
基本の育て方は p.63 を参考にしてください。

レナータ

'アルボリコラ' の一種で、先端に切れ込みが入ったかわいらしい小さな葉をもつ。手を加えて枝を曲げ、剪定した木は、アンティークポットに合う小さな盆栽に変身。

斑入りレナータ

斑が入った 'レナータ' は緑葉よりも繊細なので、風通しと日照不足に注意して。葉の黄色と鉢の黒のコントラストで、甘すぎないインテリアにも合うようクールに。

〔左ページ〕
スターシャイン

東南アジア、フィリピン原産の'スターシャイン'、豆のさやのような葉に合わせて、模様の入ったエメラルドグリーンの鉢で大人っぽく個性的に遊ぶ。美しい葉のくぼみをもつが、くぼみの部分にカイガラムシが入りやすいので葉水で予防を。

アンガスティフォリア

細長い葉がスタイリッシュな印象。モダンで和風な雰囲気を感じさせるこの品種は、鉢の合わせ方次第で洗練されたインテリアにもなじむ。

アルボリコラ
イエローウェーブ

黄色の斑が入った'イエローウェーブ'。緑の葉の植物との組み合わせで差し色に加えると、全体が締まり、コーディネートでは重要な役割を果たす。

シェフレラ・コンパクタ

シェフレラの伸び方を計算して仕立てた根のう
ねりと曲げが特徴的。中央の流れるような枝が、
曲げやうねりと対照的。枝ぶりを引き立てるシン
プルな鉢を合わせて。

ツピタンサス

Pueckleri

ツピタンサスは生長が早く、幹を曲げたり、太くしたりできるため、
インパクトのある樹形を探している人にはぴったり。
特に「曲がり」と呼ばれるユニークな樹形のものが
豊富に出回っているのが特徴です。
シェフレラの一種ですが、葉は濃くて大きく、やわらかい。
日当たりがよい場所に置いていれば、
基本的には育てやすく、生長も早いので、
適宜、剪定をしてバランスを整えて。

断崖に生える植物に見立てた「懸崖（けんがい）」
と呼ばれる仕立て。自然の中での姿
を想像して棚に置き、流れをつくる。

基本データ

学名	*Schefflera pueckleri*		
科名・属名	ウコギ科・シェフレラ属		
原産地	インド、マレー半島、熱帯アジア		
日当たり	日向	半日向	明るい日陰
水やり	好む	普通	乾燥ぎみ

育て方のポイント

■ 日当たりについて

▶ 日当たりのよい室内が理想です。夏季は直射日光を避け、レースのカーテン越し程度の明るさの場所に置いてください。日陰に置いて水をやりすぎると徒長がみられ、根腐れを起こしやすいので注意。長期間、日陰に置くのはおすすめしません。新芽が出ないようなら移動をして。

■ 温度について

▶ 夏の高温多湿には強いですが、室内の場合、蒸れないように風通しを確保します。寒さには弱いので、屋外に置いている場合、10月下旬になったら室内の日当たりのよい明るい場所に移動しましょう。

■ 水やりについて

▶ 春から秋は土の表面が乾いたらたっぷりと与えます。冬季は土が乾きにくくなるため、水やりの回数は控えめにします。寒さに弱く、木を冷やしてしまうので、特に冬季の夜の水やりや葉水は控えて、暖かい日の午前中にあげましょう。

▶ 日当たりが悪い場合、水を与えすぎると根腐れの原因になります。土の乾きをチェックし、葉が下がってきたら水をやります。

■ 害虫について

▶ 日当たりや風通しが悪く、空気が乾燥すると、ハダニ、カイガラムシがつきやすいです。新芽につくことが多いので、ついてしまったら切除します。葉水で予防をするとよいでしょう。

■ 植え替えについて

▶ 5～9月の生育期に植え替えますが、鉢から出したときに根ができていない場合や、土の種類が変わる場合は、その後の置き場所に注意が必要。夏の直射日光を避けた日当たりのよい場所に置きましょう。

■ 剪定について

▶ 枝が混んできたり、新芽が伸びすぎたりして、バランスが悪くなったら剪定してください。風通しがよくなるように混んでいるところを剪定すると、病害虫の予防にもなります。生長点が一点の場合は、枝ぶりを見て勢いが出ていれば葉のつけ根の上で切ると、そこから新芽が出てきます。

まっすぐ伸び、分岐したところで剪定された大鉢。森林を感じさせながら品よく立つ樹形に、個性的な古材プランターを合わせると、インテリアになじみやすい。

曲がりやすいツピタンサスではスタンダードな樹形。仕立て方のパターンのひとつだが、表情は個々によって違う。先端の葉はそれ以外の葉に比べて大きくなりすぎているので剪定すると、分枝して次の葉が少し小さく出る。

パキラ

Pachira

丈夫で育てやすいこともあり、
根強く親しまれているパキラ。
生長が早く、わき芽が出やすいので
幹を太くしたり、曲げたりと
さまざまな樹形に仕立てられます。
細い幹が1本、すっと伸びた樹形と、
幹が太くずんぐりむっくりした樹形では
印象が変わるので、
幅広いインテリアになじみやすいです。
病害虫に強く、剪定にも強く、
耐陰性があると、インドアグリーンの
好条件をもち合わせている植物。
幹の先端から葉と芽がどんどん伸びるので
剪定して樹形を整えましょう。

迷彩柄のような斑入りの品種'ミルキーウェイ'。2本の幹がしなやかに曲がりながら寄り添う姿が魅力。直射日光に当てないようにし、さらに日照不足に注意すれば、デリケートな斑入り種の中でも管理しやすい。

学名	*Pachira*		
科名・属名	パンヤ科・パキラ属		
原産地	熱帯アメリカ		
日当たり	日向	半日向	明るい日陰
水やり	好む	普通	乾燥ぎみ

育て方のポイント

■ 日当たりについて

▶ 年間を通して直射日光は避けて育てます。ある程度の日陰でも育ちますが、あまり日当たりが悪いと徒長してバランスが悪くなり、害虫が発生することがあります。

▶ 秋から春は明るい場所に置くのが理想です。ただし、直射日光によって葉が焼けてしまうこともあるので、午前中は日が当たり、午後からは日陰になるような場所、もしくは一日を通して明るい日陰で育てます。

■ 温度について

▶ 夏季の高温多湿には強いですが、風通しよく蒸れないようにしましょう。美しい葉を保つには、冬季は室内の暖かい場所で管理します。葉が傷んできたら、置き場所を変えるなどの工夫を。

■ 水やりについて

▶ 5〜9月の生育期は土の表面が乾いたらたっぷりと与えます。比較的乾燥ぎみに、水やりの間隔をあけ、土の状態をみて表面がしっかり乾いたら水をやります。秋から冬にかけては徐々に水やりの回数を減らし、真冬は土が乾いて2〜3してから水を与えます。ただし、真冬でも気温が15度以上に保てる場所であれば、通常通り水やりを行います。過湿にしすぎないように水をやるのがポイント。

■ 剪定について

▶ 鉢の中が根でいっぱいになり、根詰まりを起こしてしまうと、下のほうから葉が落ちていくことがあります。そのような場合は、葉のなくなった枝を切り戻して、仕立て直しましょう。また、新芽が急に伸びすぎてバランスが悪くなった場合も剪定します。生育旺盛ですので、枝や幹のどの部分で切り戻しても、わきから新芽が出てきます。

幹を太く仕立てた樹形。全体がひし形になるように鉢の形を合わせて飾る。もともとは高木なので、小鉢でも大きな葉が出てくることがあり、その場合はまめに剪定をして再び葉を吹かしてバランスをとる。

根元に曲がりがありながら幹がスッと伸びた樹形。剪定を繰り返しながら時間をかけてつくられた、パキラらしさがよく出た仕立て。素材も形もシンプルな鉢が、繊細な木をより引き立てる。

ベンジャミン

Benjamina

フィカス属の中では
小さな葉がこんもりと茂る
繊細でやわらかな印象のグリーン。
幹は細くてやわらかく、
葉が増えすぎると重さで垂れ下がるため、
適度に刈り込んで、幹を太くしながら
樹形を整えるとバランスがよくなります。
基本的には育てやすい木ですが、
急な移動や合わない場所に置くと
突然、葉が落ちることもあります。
環境に適応しようとしている姿でもあるので
新しい芽が出る場所を見つけてあげましょう。

葉の色が深緑の'ブラック'と呼ばれる品種。根に近いところで分枝し、全体的に葉が茂っているので、大地を表す鉢は白くどっしりしたものをチョイス。葉のやわらかさをより引き出す。

学名	*Ficus benjamina*		
科名・属名	クワ科・フィカス属		
原産地	熱帯アジア、インド		
日当たり	日向	半日向	明るい日陰
水やり	好む	普通	乾燥ぎみ

育て方のポイント

■ 日当たりについて

▶ 日光を好むので、できるだけ日当たりのよい場所に置きましょう。日に当てることで葉の色ツヤもよくなり、丈夫に育ちます。春から秋の生育期は屋外の日当たりのよい場所に置いてもかまいません。

▶ 明るい場所から急に暗い場所に移動するなど、環境が急に変わると葉を落とします。様子をみながら徐々に移動しましょう。

■ 温度について

▶ 寒さに弱いので、屋外に置いている場合は10月中には取り込み、室内の暖かくて明るいところに置きます。

■ 水やりについて

▶ 春から秋は、土の表面が乾いたらたっぷりと与えます。新芽の出る春から夏の水切れに注意します。ときどき霧吹きなどで葉水を与えるとよいでしょう。冬は土の表面が乾いて2～3日してから与え、乾燥ぎみで育てるのがコツです。

■ 害虫について

▶ 日当たりや風通しが悪いとカイガラムシやハダニが発生することがあります。葉水で予防をするとよいでしょう。

▶ 植物の養分を吸うだけでなく、虫の排泄物によってすす病が発生することもあります。葉の表面が粘着質のものでベタベタしていたら、見つけ次第、殺虫剤で駆除します。日照を確保し、風通しよく管理すること。

■ 植え替えについて

▶ 株が大きく生長したら、5～7月にひと回り大きな鉢に植え替えます。だいたい2～3年に1回を目安に、水はけが悪くなったら行います。極端な根詰まりは下葉が落ちる原因になります。

■ 剪定について

▶ 生長が早く、刈り込みにも強いので随時剪定をします。木のバランスがよく、風通しがよくなるように、基本的に小枝の葉の上で切ります。

▶ 新芽が出すぎると古葉が黄色くなって落ちるので、強く伸びすぎた葉を剪定しましょう。

緑の色が薄めのタイプ。剪定をして、こんもり丸い形をつくった自然形。中ほどで幹がくの字になった樹形には、ブロンズ色の安定感のある鉢を選んで。葉がよく茂るベンジャミンはパーテーション代わりにもなる。

葉に白い斑が入った小鉢。斑入りは少しデリケートなので、秋から春は日当たりのよい場所で育て、夏は遮光する。さわやかに上品に演出するのに効果的。

やわらかく曲げた細い幹に、あえて左右非対称な葉のボリュームで流れをつくった樹形は、部屋のコーナーに置くと決まりやすく、家具との組み合わせもしやすい。パール入りのブルーの鉢に合わせてモダンに演出。

ガジュマル

Microcarpa

自生地では、幹から伸びた無数の気根が特徴の
ガジュマル。高さは 20 mにもなり、
木の精霊が宿る神木として知られています。
流通している樹形は、大きなものから小さなものまで、
また、幹が太いものから細くしなやかなものまで、
さまざまなタイプがあります。気根を出すので水は好みますが、
やりすぎには注意し、日当たりのよい場所に置いて、
土が乾いたらたっぷりの水をやると元気に育ちます。

基本データ

学名	*Ficus microcarpa*		
科名・属名	クワ科・フィカス属		
原産地	東南アジア～台湾、沖縄		
日当たり	日向	半日向	明るい日陰
水やり	好む	普通	乾燥ぎみ

育て方のポイント

■ 日当たりについて

▶ 日光と風通しを好むので、春から秋は屋外のよく日の当たる場所に置くと、がっしりした丈夫な株に育ちます。晩秋には室内の日がよく当たるところに移動しましょう。日当たりが悪いと徒長して葉の色やツヤが悪くなり、葉が落ちるので、目安にして移動しましょう。

■ 温度について

▶ 耐寒温度は5～6度で、5度以下になると葉が黄ばみ、落葉してしまうので、冬季は室内での管理をおすすめします。落葉しても、ある程度気温を確保して空気中の湿度を高く保つと、春に新芽が出てきて復活することもあります。

■ 水やりについて

▶ 特に春から秋は生育旺盛で、水をたくさん必要としますが、基本的には土の表面が乾いたらたっぷりと与えます。水切れを起こすと、上のほうの葉っぱが枯れてくるので注意が必要です。

▶ 空中湿度を上げるために、霧吹きなどで葉にもたっぷりと水を与えます。

▶ 日照不足の場合は、水のやりすぎに注意しましょう。新芽が出てくるかどうかを目安に置き場所を選びましょう。

■ 植え替えについて

▶ 水はけが悪くなったり、根詰まりして鉢底から根が出たりしたら植え替えをしましょう。比較的根が詰まりやすいので、2年に1回を目安に根の状態を確認しましょう。

■ 剪定について

▶ 高木に育つので、樹形全体を見て5～6月に枝の切り戻しを行います。切り戻しをすることで枝数が増えて、バランスよく茂った姿に仕立てられます。木の様子をみながら、細かい枝に葉がついている上で切ると、次第に次の新芽が出ます。

▶ 伸びる勢いの強い枝は放っておくと突出して、全体のバランスを崩してしまうので、葉を1～2枚残して切ります。混み合っている場合や、他の枝の生長をさまたげるくらい強く太い枝は、つけ根から切り戻します。その他の枝もバランスをみながら、全体の1/2～1/3の長さに切り戻し、全体的に風通しよく間引くとよいでしょう。

肉厚な卵形の葉をもつ'パンダガジュマル'。一般的に流通している'センカクガジュマル'の丸葉の突然変異を商品化したもの。剪定、曲げ、気根とガジュマルらしさを持ち合わせた一本。

自生地での大木のイメージに近づけて仕立てられた小鉢。小さいながらも沖縄の広大な自然を想像させる。枝が伸びすぎることがあるので、こまめに剪定して盆栽風に育てる。

曲がりの樹形が美しい 'フルティコーサ' の大鉢。
茎が緑のうちに曲げて樹形をつくり、表情を出
す。やわらかい葉には土っぽい鉢がしっくりくる。

ポリシャス

Polyscias

洗練された空間にさりげなく合わせられるグリーンで、
春から秋に出回ることが多いポリシャス。
目新しさもあり、注目されています。
'フルティコーサ' という主流の品種は
細かい切れ込みが入った葉が個性的で、
繊細な葉がこんもりと茂った姿は、森を感じさせます。
本来は日光を好みますが、日陰に適応する性質もあるのが特徴。
寒さには弱いので、日陰に置く場合や冬季は水やりを控えましょう。

<table>
<tr><td rowspan="6">基本データ</td></tr>
<tr><td>学名</td><td colspan="3">Polyscias</td></tr>
<tr><td>科名・属名</td><td colspan="3">ウコギ科・ポリシャス属</td></tr>
<tr><td>原産地</td><td colspan="3">熱帯アジア、ポリネシア</td></tr>
<tr><td>日当たり</td><td>日向</td><td>半日向</td><td>明るい日陰</td></tr>
<tr><td>水やり</td><td>好む</td><td>普通</td><td>乾燥ぎみ</td></tr>
</table>

育て方のポイント

■ 日当たりについて

▶ 日光を好み、春から秋は屋外でも育てられますが、盛夏期には日よけが必要です。また、室内に置いているものを急に直射日光に当てると葉焼けを起こします。冬季はなるべく日当たりのよい暖かい室内に置くのが理想です。

▶ 日向から日陰に移すなど、環境が変わると古い葉が落ちることもありますが、環境への適応能力が高いので、あせらずに通常通り水をやりながら様子をみると、環境に合った新芽が出てきます。新芽が出てきたら環境に適応したひとつの目安になります。

■ 温度について

▶ 20度前後の暖かい場所が望ましいです。寒さには弱く、耐寒温度は10度以上といわれています。急激な温度変化はよくないので、急に寒い場所へ移動せず、冬季は暖かい日向に置きましょう。

■ 水やりについて

▶ 夏季は水をよく吸うので、土の表面が乾いたらたっぷり与えます。さらに、高温期にはときどき霧吹きで葉水を与えます。

▶ 冬季は寒さで急に水を吸わなくなるので、水をやりすぎないように、土の乾きをチェックしながら水やりの頻度を調整します。冬は暖かい午前中に水をやりましょう。日陰で育てる場合は、水やりの頻度が多くならないようにします。

■ 害虫について

▶ 春から秋にハダニやカイガラムシ、コナカイガラムシが発生することがあります。乾燥した室内ではハダニがつきやすいので、頻繁に葉水をするか湿った布で葉を拭くと予防になります。

■ 剪定について

風通しをよくして害虫を予防、生育のバランスを整えるために、春に枝を剪定して枝数を減らします。ひこばえや幹から出る細かい芽などわき芽が吹きやすいので、必要ない芽を剪定することも大切です。

細かい切れ込みが入った葉。ポリシャスとは、ギリシャ語のポリ（多い）とスキアス（影）から名づけられたそう。

まっすぐに伸びた'フルティコーサ'の中鉢。自然樹形で形が整いやすいが、葉の重みや分枝を見ながら剪定する。今後伸びてくる葉のボリュームを考えて、安定感のある大鉢を。

ミニサイズで、右が'バタフライ'、左が斑入りの'スノープリンセス'。幹の曲がり具合が、やわらかく曲げやすいポリシャスならでは。

エバーフレッシュ

Pithecellobium

日中は開き、
日が落ちるころに閉じる葉が特徴。
繊細でやさしいその姿は
さりげない存在感があり、
ナチュラル、モダン、アンティークなど
さまざまなインテリアと合わせやすいです。
日当たりを好み、
株のボリュームもあるので
夏は屋外で育てるのもよいですが、
10 月末には室内へ。
環境に慣れると、日陰でも
新芽が出ることがあります。
生育期は水をたっぷり与え
風通しよくするのがポイント。

しなやかに伸びたポピュラーな樹形。さわやかな白い鉢が、明るいグリーンの葉を引き立てる。

学名	*Pithecellobium confertum*		
科名・属名	マメ科・ピトヘケロビウム属		
原産地	マレー、スマトラ、南アフリカ、アマゾン		
日当たり	日向	半日向	明るい日陰
水やり	好む	普通	乾燥ぎみ

育て方のポイント

■ 日当たりについて

▶ 日光を好むので、日当たりのよい、明るい場所に置きましょう。日陰に置いても、環境に慣れると生育しますが、日光が不足すると病害虫が発生しやすくなります。

■ 温度について

▶ 寒さに弱いので、冬季は10度以上ある暖かい室内で管理してください。夏季は屋外でも元気に育ちます。

■ 水やりについて

▶ 土の表面が乾いたらたっぷりと与えます。日中は葉を広げ、夜になると閉じますが、水が不足すると蒸散を抑えるために日中でも葉を閉じることがあるので、目安としてください。

▶ 高温期にはときどき霧吹きなどで葉水をするとよいでしょう。

■ 害虫について

▶ 日当たりや風通しが悪いと、カイガラムシがつきやすくなります。葉水で予防をするとよいでしょう。

▶ 水切れした直後の弱った木は特につきやすく、見つけたら早めに駆除しましょう。

■ 植え替えについて

▶ 細かい根が張りやすいので、鉢底から根が出てきたり、水はけが悪くなったりしたら、2〜3年に1度を目安に植え替えましょう。

■ 剪定について

▶ 剪定するときは、下に向いた古い葉を落として葉のボリュームを減らし、新葉を残して葉が上を向いた状態にします。枝を細かくつくって樹形を整えるようにすること。切り詰めると、徐々に幹が太くなって貫禄のある木になります。

小鉢も人気だが、鉢が小さい分、水切れしやすいので注意が必要。日当たりも風通しも大鉢よりデリケート。

剪定を繰り返すことで、幹を太く整えた樹形。エバーフレッシュは横に広がる樹形が特徴なので、縦長の鉢に合わせるとまとまりやすくなる。夕方になり、葉が閉じ始めた様子。

新芽は茶色く起毛していてやわらかい。剪定するときは、新芽の上の伸びすぎた枝を切るとよい。

ソフォラ'リトルベイビー'

Sophora 'little baby'

ソフォラ属は世界に50種類ほどありますが、
ソフォラ'リトルベイビー'はニュージーランド原産の
ソフォラ・プロストラタの園芸品種で、「メルヘンの木」とも呼ばれます。
ジグザグに伸びる枝と小さなかわいらしい葉が魅力で、ナチュラルなインテリアによく合います。
原種は2mほどになりますが、流通しているのはほとんど小鉢で
春から初夏にかけてオレンジがかった黄色の花を咲かせます。

自然の力で自由に伸びたり分
かれたり。寒さにも比較的強く、
育てやすい。

学名	*Sophora prostrata 'little baby'*		
科名・属名	マメ科・ソフォラ属		
原産地	ニュージーランド		
日当たり	日向	半日向	明るい日陰
水やり	好む	普通	乾燥ぎみ

育て方のポイント

■ 日当たりについて

▶ 年間を通して、日当たりと風通しのよい場所での管理が適しています。

■ 温度について

▶ 寒さには強く、根ができた株は屋外で越冬できますが、強い霜にあてないほうがよいので、寒冷地では屋内に取り込みましょう。

▶ 夏季の蒸し暑さには弱いので、蒸れないように風通しよくすること。

■ 水やりについて

▶ 土の表面が乾いたらたっぷりと与えます。冬は多少間隔をあけて、乾かしぎみにします。

■ その他

▶ 水はけのよい土に植えるとよいでしょう。

▶ 病害虫がつくことは少ないですが、夏の蒸し暑さで蒸れないように、風通しのよい場所に置きます。

▶ 肥料をやりすぎると、葉が大きくなってしまうので注意します。

珍しい大鉢。自然にでき上がった枝ぶりが独特で、シンプルなブロンズの鉢に合わせると細かい葉がよく引き立つ。

ジグザグに伸びた枝の節から芽吹く小さな葉に癒される。

シンゴニウム

Syngonium

主な自生地はうっそうとした薄暗いジャングルの中で、
他の植物に絡みつきながら生長する植物です。
やわらかく垂れ下がる姿や葉色の美しさが特徴で、
背の高い鉢に入れると、葉の流れが引き立ちます。
直射日光に当てると葉が焼けてしまい、
日照不足になるとすぐに見栄えが悪くなりますが、
気に入った環境が見つかると、手をかけなくても
自然の力だけできれいに育ってくれます。

品種によってさまざまな葉の色や柄がある。配色を考えて数種類を組み合わせて飾るのもよい。

学名	*Syngonium*		
科名・属名	サトイモ科・シンゴニウム属		
原産地	熱帯アメリカ		
日当たり	日向	半日向	明るい日陰
水やり	好む	普通	乾燥ぎみ

育て方のポイント

■ 日当たりについて

▶ 一年を通して、レースのカーテン越しの明るい場所に置きます。

▶ 強い直射日光に当てると葉が焼けてしまいますが、日光が少なすぎると葉が小さくなり、徒長してひょろひょろになるので早めに移動します。葉の状態で日光が足りているか具合がわかるのでよく観察しましょう。

■ 温度について

▶ 高温多湿には強いですが、風通しのよい場所に置くように心がけて。寒さには非常に弱く、冬越しするには最低7度以上が必要です。寒さにあてると葉が下から枯れ上がったり、株が傷んだりするので、冬季は暖かい室内で管理しましょう。

■ 水やりについて

▶ 春から秋の生育期は非常に水を欲しがるので、土の表面が乾いたらたっぷりと与えますが、やりすぎには注意。特に日照不足の場合は水をやりすぎると徒長がみられます。

▶ 冬季は回数を控え、土の表面が乾いて数日してから水を与えます。葉が下がってくるのも目安です。

▶ 水切れすると葉が傷むので注意しましょう。

■ 株分けについて

▶ 株が増えてきたら、生育期の5～9月に株分けします。

■ その他

▶ 新しい葉が出てくると古い葉は枯れてくるので、枯れた葉は取り除きます。

つる性の植物で、全体にこんもりと広がった後、少しずつ垂れ下がる。葉が一斉に太陽に向くので、向きを変えながらバランスよく育てること。葉のボリューム感に合わせた鉢にセッティングして、垂れ下がる日を待つ。

シダ植物

Fern and fern allies

やわらかな日差しが似合うシダ植物は、
世界中に多くの種類があり、
葉のボリュームと美しい葉色で
インテリアの演出に雰囲気を出しやすい植物です。
シダだけでレイアウトしたインテリアは
やわらかい光と風通しを好む人間にとっても
心地よく、究極の癒しの空間となります。
水を好む植物なので、乾きすぎて水切れする前に
与えますが、湿りっぱなしはよくないので
鉢皿には水を溜めずに、
風通しのよい場所に置くことがポイントです。

ツディ

学名
Nephrolepis exaltata
科名・属名
シノブ科・タマシダ
（ネフロレピス）属
原産地
熱帯〜亜熱帯
日当たり 半日向
水やり 好む

西洋タマシダの園芸品種
のひとつ。水切れしない
ように気をつけて、乾い
たら水をたっぷり与える。
風通しがよく、直射日光
を避けた明るい室内で管
理。温度は10度以上を
保つこと。

タマシダ

学名
Nephrolepis cordifolia
科名・属名
シノブ科・タマシダ
（ネフロレピス）属
原産地
本州南端〜沖縄
日当たり 半日向
水やり 好む

海岸や崖など、やや乾いた
日当たりのよい場所に群生
する。4億年前からあると
いわれる最古の植物。育
て方はツディと同じ。東京
以西では屋外で越冬する。

スコッチシダ

学名
Nephrolepis exaltata
'Scottii'
科名・属名
シノブ科・タマシダ
（ネフロレピス）属
原産地
熱帯アメリカ
日当たり 半日向
水やり 好む

西洋タマシダの園芸品種
のひとつで、もこもこした
葉が特徴。シンプルな石
色の四角鉢に合わせて和
風モダンに。育て方はツ
ディと同じ。

クサソテツ

学名
Matteuccia
struthiopteris
科名・属名
イワデンダ科・
クサソテツ属
原産地
日本、北アメリカ
日当たり 明るい日陰
水やり 好む

若芽はコゴミといい、山
菜のひとつ。湿り気のあ
る半日陰に置くのが理想
で、高温や乾燥には弱く、
風通しのよい場所を好む。
水切れにも注意。

ヘゴ

学名
Cyathea spinulosa
科名・属名
ヘゴ科・ヘゴ属
原産地
日本南部〜東南アジア
日当たり 日向
水やり 好む

根茎が立ち上がる木性シ
ダ。一般的に流通してい
るのは'ヒカゲヘゴ'で、
名前はヒカゲだが陽光を
好む。明るく、湿り気の
ある場所に置くのがよい。
水切れすると復活が難し
いので注意。空中湿度も
好む。

ハートファン

学名
Hemionitis arifolia
科名・属名
イノモトソウ科・
ヘミオニティス属
原産地 熱帯アジア
日当たり 明るい日陰
水やり 好む

葉の形から、英名のハー
トファンと呼ばれている。
水切れすると葉が丸まるの
で気をつけること。風通し
がよく、直射日光の当たら
ない場所で管理。耐陰性
は多少あるが、日陰に長
く置くと株が弱るので注意。

プテリス

| 学名 | *pteris* | 科名・属名 | イノモトソウ科・プテリス属 |

| 原産地 | 世界の熱帯～温帯 |

| 日当たり | 明るい日陰 | 水やり | 普通 |

プテリスは300種類ほどあり、一般的に流通しているものは熱帯の半耐寒性のものが多いので、冬季は室内へ。風通しのよい場所で、土の表面が乾いたらたっぷり水やりすれば、初心者でも育てるのは簡単。写真はプテリスの寄せ植え。

アスプレニウム

| 学名 | *Asplenium* |

| 科名・属名 | チャセンシダ科・チャセンシダ（アスプレニウム）属 |

| 原産地 | 世界の熱帯～温帯 |

| 日当たり | 半日向 | 水やり | 普通 |

'アビス'や'オオタニワタリ'など700種がある。弱光線を好むが、日照不足で茶色く枯れてくるので、レースのカーテン越しの明るい室内で管理。土の表面が乾いたら水をたっぷりやり、風通しのよい場所へ置くこと。

アジアンタム

| 学名 | *Adiantum* | 科名・属名 | ワラビ科・アジアンタム属 |

| 原産地 | 熱帯アメリカ |

| 日当たり | 半日向 | 水やり | 好む |

黒い茎と細かく薄い葉が羽のように広がる美しい姿。日差しで葉が焼けてチリチリになるので直射日光には当てず、室内の明るい場所へ。乾燥に弱く、水切れしやすいので、冬季以外は土が半乾きになったらやること。特に夏季は乾燥しやすいので、朝と夕方の2回必要になることもあり、葉水もこまめに。蒸れないように風通しの確保も重要。

トキワシノブ

| 学名 | *Davallia mariesii* | 科名・属名 | シノブ科・シノブ属 |

| 原産地 | 日本、東アジア | 日当たり | 半日向 | 水やり | 普通 |

毛で覆われた根茎が特徴で、'ダバリア'（下）とよく似ているが、原産地
が異なる。涼しげな葉は夏の暑い季節に心地よさをもたらす。夏に葉が生
え変わるが、冬でも葉が残る。東京以西では屋外で越冬することもあるが、
冬季は霜にあてないように管理。それ以外の基本的な育て方は'ダバリア'
と同じ。

ダバリア

| 学名 | *Davallia tricomanoides* | 科名・属名 | シノブ科・シノブ属 |

| 原産地 | マレーシア | 日当たり | 半日向 | 水やり | 普通 |

毛で覆われた根茎が地を這い、岩を覆って育つ植物。とても丈夫で、風通
しがよければ室内でも育つ。日光にたっぷり当てると引き締まった株に育つ
が、夏は葉焼け防止のためにも半日陰に移動。水やりは土の表面が乾
いたらたっぷりと与え、葉水も効果的。古い葉は春先に切り戻すと初夏に
生えそろう。'トキワシノブ'（上）よりは寒さに弱い。

フレボディウム

| 学名 | *Phlebodium* | 科名・属名 | ウラボシ科・フレボディウム属 |
| 原産地 | 熱帯アメリカ | 日当たり | 明るい日陰 | 水やり | 普通 |

ブルーがかったグリーンの葉が美しく、カサカサした葉の質感が特徴的。暖かく湿った場所を好むが、乾燥にも強く育てやすい。直射日光に当てると葉が焼けることがあるので、夏はレースのカーテン越しに置くのが望ましい。日照不足になると葉色が悪くなるので注意し、風通しよく、水をやりすぎないのもコツ。

ポリポディウム

学名	*Polypodium*
科名・属名	ウラボシ科・ポリポディウム属
原産地	世界の熱帯〜温帯
日当たり	明るい日陰	水やり	普通

葉の先端がとさかのように細かく分かれている品種など多数。日照不足でも多少は耐えられるが、葉が茶色く枯れ、新芽が出ないようなら日当たりのよい場所へ移動を。風通しが悪いとカイガラムシが発生する。基本的な育て方はフレボディウムに近く、比較的育てやすい。

リュウビンタイ

学名	*Angiopteris lygodiifolia*
科名・属名	リュウビンタイ科・リュウビンタイ属
原産地	日本南部、台湾	日当たり	明るい日陰	水やり	普通

大型で葉は長さ1mほどになる。古い葉の落ちた痕が黒褐色の塊状になるのが特徴で、この塊から数枚の葉が出る姿がおもしろい。鉢植えの場合、目安として葉が1枚出ると古い1枚が傷んでくるので切り戻すとよい。直射日光の当たらない明るい場所を好み、耐陰性もあるが、新芽が出ないようなら明るい場所に移動を。多湿を好むので、水は土の表面が乾いたらたっぷり与え、風通しが悪いと根茎にカビが生えるので、水やり後は風通しをよくすること。日照不足の場合は特に水のやりすぎに注意。

垂れ下がる姿が
美しいグリーン

シッサス
Cissus

世界の熱帯・亜熱帯に約350種類が分布し、
その中の数種類が観葉植物として栽培されています。
つる性のインドアグリーンの代表格で葉色も豊富。
しなやかに垂れ下がる姿はインテリアによくなじみます。
ハンギングにして天井から吊り下げるほか、
棚に置いて垂らしたり、テーブルに這わせたりと、
置く場所によって見え方が変わってくるのも魅力。

熱帯アメリカ原産の'グレープアイビー'
の園芸品種としてつくられた'エレンダ
ニカ'。生長が早くボリュームも出やす
いので、出番の多い品種。アンティー
クとの相性もよい。日当たりが多少悪
くても丈夫に育つ。

基本データ

学名	*Cissus*		
科名・属名	ブドウ科・シッサス属		
原産地	世界の熱帯〜亜熱帯		
日当たり	日向	半日向	明るい日陰
水やり	好む	普通	乾燥ぎみ

育て方のポイント

■ 日当たりについて

▶ 室内の明るい場所で育てます。真夏の直射日光は強すぎて葉が焼けてしまうので、午前中だけ日の当たる場所や、明るい日陰に置きましょう。夏以外は直射日光に当てて、しっかりとした株に育てましょう。

▶ 日光不足になると茎がひょろひょろになり、葉色も悪くなる上に、生育も衰えるので移動しましょう。

■ 温度について

▶ 冬の寒さは苦手な品種が多く、10度以下にならないように気をつけて、暖かく日当たりのよい場所で管理します。

■ 水やりについて

▶ 基本的には土の表面が乾いたらたっぷりと与えます。比較的乾燥に強い植物なので、水のやりすぎには気をつけましょう。過湿になると根が腐って株がダメになることがあるので風通しにも注意して。

▶ 特に、冬は寒さで生育が緩やかになるので乾燥ぎみにします。土の表面が乾いて2〜3日してから水やりします。

■ 害虫について

▶ もともと病害虫にかかりにくい植物ですが、日照不足で弱らせると、ハダニやカイガラムシがつきやすくなります。葉水で予防をするとよいでしょう。

■ 植え替えについて

▶ 株元の葉が枯れてきた場合は、根が詰まっている場合があるので植え替えをしましょう。

エレガントな印象の 'ヘンリアーナ'。長く伸びたつるをハンギングに。

'カンガルーアイビー' はオーストラリア原産。切れ込みのない丸い葉は、重厚なアンティークのベースにさりげなく飾ると力が抜けてかっこいい。

かわいらしい葉の形が人気の園芸品種 'シュガーバイン'。寒さに弱いので冬季は室内へ。水切れを起こしやすいので水やりは早めに。

アイビー

Hedera

「トラディショナル」を意味する
アイビーという名前で知られ、
枝の節々から気根を出して
壁や樹木に付着しながら、這うように広がります。
葉の色や形が豊富で流通量も多く、
さまざまな公共の場で
カバープランツとして使われています。
環境の変化によって、
また新芽を出すために葉が落ちることがありますが、
強健で育てやすい植物です。

基本品種の'ヘリックス'。和名は'セイヨウキヅタ'、英名は'イングリッシュ・アイビー'と呼ばれる。つるが長く伸びるのも特徴で、上品で流行にとらわれない演出ができる。

基本データ		
学名	*Hedera*	
科名・属名	ウコギ科・キヅタ属	
原産地	北アメリカ、アジア、ヨーロッパ	
日当たり	日向　　半日向　　明るい日陰	
水やり	好む　　普通　　乾燥ぎみ	

育て方のポイント

■ 日当たりについて

▶ できるだけ日当たりのよい場所で育てます。ただし、真夏の直射日光は強すぎて葉が焼けてしまうので、午前中だけ日の当たる場所や、明るい日陰に置きましょう。

▶ 耐陰性の強い植物で、日陰でも育ちますが、日に当てたほうが葉の色ツヤがよくなります。極端に暗い日陰だと新芽が生長しないので適しません。

▶ 斑入りの葉は、特に日照不足になると模様が薄くなったり消えたりすることがあります。

▶ 急な環境の変化に弱く、置き場所を変えると急に葉が落ちることがありますが、すぐに葉が出ることが多いのであわてずに見守って。

■ 温度について

▶ 耐寒温度は0～3度です。平地や暖地では屋外で冬越しできますが、室内に取り込んでもかまいません。

■ 水やりについて

▶ 春から秋の生育期間は、土の表面が乾いたらたっぷりと与えます。ある程度乾燥には耐えますが、土をカラカラに乾かすと葉が下から落ちます。冬季はさほど生長しないので、水やりの回数を控えて、乾かしぎみにします。

■ 害虫について

▶ 風通しが悪いと病害虫が発生しやすいので注意します。特に、暗い日陰に置くとハダニが発生します。水のやりすぎに注意し、葉水で予防をするとよいでしょう。

■ 植え替えについて

▶ 生育旺盛なので、放っておくとすぐに鉢内が根でパンパンになって水を吸わなくなります。1～2年に1回を目安に植え替えましょう。適期は極端に暑い日を避けた5～9月ごろです。

斑入りのもの、葉が縮れたものなど、'イングリッシュ・アイビー'には数多くの園芸品種があり、好みによって選べる。左上から右回りに'メラニー'、'ゴールドスターン'、'ミダスタッチ'（中央）、'グレイシャー'。

ポトス

Epipremnum aureum

オーソドックスで飽きのこない草姿は
観葉植物の定番として知られ、
垂れものの中では丈夫で育てやすいです。
つる性の着生植物で、熱帯地方では
大きな木に這い上がるように伸びます。
多くの品種が流通し、中でも緑葉の品種は
どんなインテリアにもなじむので人気。
茎に水分を保つ性質があるので
水のやりすぎに注意し、葉水をこまめに与えます。
伸びすぎると葉が落ちることがあるので、
適度に剪定するとよいでしょう。

インテリアに合わせやすい濃いグリーンの〝パーフェクトグリーン〟。もともと原種のポトスは緑だそう。生長が早いので、長く伸ばして高い場所から下げて飾るのもよい。

基本データ

学名	*Epipremnum aureum*		
科名・属名	サトイモ科・エピプレムヌム属		
原産地	ソロモン諸島		
日当たり	日向	半日向	明るい日陰
水やり	好む	普通	乾燥ぎみ

育て方のポイント

■ 日当たりについて

▶ 強い日差しを嫌い、春から秋はレースのカーテン越しの光がちょうどよく、冬季は室内の日当たりのよい場所が理想です。

▶ 耐陰性が強く日陰でも育ちますが、あまり暗いと徒長し、生育も悪くなるので、できるだけ明るいところで育てます。

■ 温度について

▶ 冬は5度以上の暖かい室内に置きます。暖房のきいた部屋では、冬でもつるを伸ばすことがあります。

■ 水やりについて

▶ 生育期の春から秋は、土の表面が乾いたらたっぷりと与えます。茎に水分を多少保っているので、水をやりすぎると根腐れの原因になります。

▶ 最低気温が20度を下回ってくると徐々に水を吸わなくなるので、水やりの回数を減らします。冬は土の表面が乾いて2～3日してから水を与えます。

▶ 空中湿度を好むので、霧吹きなどで葉水を与えながら育てるとよいです。ハダニやカイガラムシの予防にもなります。

■ 害虫について

▶ 風通しが悪いとハダニやカイガラムシが発生するので注意。急に株が弱ったときは害虫を疑って早期発見を。

■ 剪定について

▶ つるが長く伸びると先まで栄養が行き届かなくなり、急に枯れてくることがあります。伸びすぎて根元がさみしくなってきたら、短く切り戻して仕立て直しましょう。

斑入りの'エンジョイ'は葉がやや小型の品種。驚くほど強健で乾燥に強く、空気中で根を出すほど生育が旺盛。個性的な鉢に合わせるとオーソドックスなポトスもインテリアのポイントになる。

'マーブルグリーン'という名前の、散り斑のタイプ。散り斑には、きれいな鉢よりもまだらにサビのある鉢に合わせるとしっくりくる。

つる性で、散り斑の入った'プビカリクス'。ハンギングにして、動きのあるつるの姿を楽しむ。スタンダードな葉形とボリューム感でインテリアに取り入れやすい。

ホヤ

Hoya

多くはつる性の多肉植物で、樹木の幹や岩の上を這って育ち、
品種によってさまざまな葉形や葉色があります。
「サクララン」という和名は、桜色の花がつくことからつけられ、
蝋細工のようなマットな質感で、強い芳香がある花はホヤの魅力のひとつです。
日当たりがよければ育てやすく、株が大きくなると花つきもよくなります。
多肉質の葉は水分を蓄えるので、水のやりすぎと日照不足に注意すれば初心者でも育てやすいです。

基本データ		
学名	*Hoya*	
科名・属名	ガガイモ科・ホヤ属	
原産地	日本南部（九州、沖縄）、熱帯アジア、オーストラリア、太平洋諸島	
日当たり	日向　　半日向　　明るい日陰	
水やり	好む　　普通　　乾燥ぎみ	

育て方のポイント

■ 日当たりについて

▶ できるだけ日当たりのよい場所で管理しましょう。ただし、真夏は日差しが強すぎて葉が傷むことがあるので、直射日光を避けた明るい場所が安心です。

■ 温度について

▶ 暑さには強い反面、寒さには弱く、冬でも7～8度はあったほうが無難です。5度以下になると生育が衰えます。

▶ 屋外に置いている場合、11月ごろに室内の日当たりのよい暖かい場所に移動させましょう。

■ 水やりについて

▶ 乾燥を好む多肉質の植物です。春から秋の生育期間は、葉にしわが寄ってきたらたっぷり与えるようにします。しわが戻らないようなら、鉢皿に水を溜めて鉢ごと浸けるなどして、しっかりやります。

▶ 冬季は低温で生育が衰えますので、水やりの回数は控えめに。土の表面が乾いて3～5日してから与えるようにします。葉を触ってみて、寒さで冷たくなっていないときにやりましょう。

▶ 空中湿度を好むので、夏は霧吹きなどで葉水をするとよいでしょう。

▶ 土の過湿は嫌うので、日照不足の場合は特に水のやりすぎに注意しましょう。

■ 害虫について

▶ 日当たりや風通しが悪いと、カイガラムシが発生します。置き場所を考え、葉水で予防をしましょう。

■ 剪定について

▶ ホヤは一度花の咲いた位置から毎年花を咲かせるので、花の咲いたつるは切らないようにします。まだ花の咲いていないつるも、1m程度伸びてきたら花を咲かせるので生育期に切らないほうがよいでしょう。

▶ 花のつかないつるや、葉が少なくなってきたつるは、9月ごろに剪定します。発根がよいので切った枝を挿し木にするのは容易ですが、生長はゆっくりなので、根づくまでに多少時間がかかります。

同じホヤと思えないほど、品種によって葉の色や形はさまざま。右上から、くるんとした葉の'コンパクタ'、赤い葉の入った'カルノーサ・バリエガタ'、ハート形の葉をもつ'ケリー'の斑入り、シルバーがかった小さな葉の'カーティシー'。

よじれるようにくるんとカーブした葉が特徴の'コンパクタ'。床に置き、垂れたつるを転がすようにして飾って。

ホヤの中ではポピュラーな'ケリー'は葉の形から'ハートホヤ'と呼ばれている。ハート形の葉を葉挿しにした鉢植えもよく出回っているが、ホヤならではの長く伸びたつるの力強さは、インテリアの主役になる。

葉脈が浮き出る斑入りの葉、ふちが薄いピンク色を帯びたワイルドな'ゴールデン・マージン'。四角い個性的な陶器に合わせて。

希少品種の'ツサンギー'はクールな印象。太陽が当たると丸い葉のふちに紫色が濃く出る。

散形花序といって、複数の小さな花が放射状に咲く。甘い香りと独特な質感、可憐な姿に魅せられるファンも多い。写真上は'コンパクタ'の花。

品種によって花の色や見た目が異なる。左は'ラクノーサ'の花。右は'ウェイエッティ'の花。

リプサリス

Rhipsalis

サボテン科の中でも、
いわゆるサボテンの形状とは違った、
葦サボテンの仲間です。
森林の木に着生し、木陰に生息する
多肉植物のため直射日光には弱く、
多少の耐陰性があり、乾燥ぎみに育てると
比較的育てやすいです。
平たい葉の「広葉」と、
細い線状の葉の「細葉」があり、
節から根が出るので、
挿し木で増やすことも容易。
春に白や黄色の小さい花を咲かせ、
ピンクやオレンジ色の半透明な実をつける種類もあり、
実がついたときの華やかさも独特です。

葉の形状がさまざまなので、広葉、細葉を混ぜ合わせて何種類か集めて飾ると、森のような雰囲気に。

100

学名	*Rhipsalis*		
科名・属名	サボテン科・リプサリス属		
原産地	熱帯アフリカ、熱帯アメリカ		
日当たり	日向	半日向	明るい日陰
水やり	好む	普通	乾燥ぎみ

育て方のポイント

■ 日当たりについて

▶ 直射日光を避けた明るい室内、レースのカーテン越しの窓辺などで管理してください。多少の日照不足でも耐えることができますが、害虫、水やりの頻度に注意が必要です。

■ 温度について

▶ 高温多湿を好みます。冬季は5度以下になって、葉にしわが寄らない場合は断水しましょう。

■ 水やりについて

▶ 乾燥を好む植物なので、土の表面が乾いて、葉が細くなったりしわが寄ってきたりしたら、たっぷり与えます。空中湿度を好みますので、ときどき霧吹きなどで葉水もしてください。葉や根から水分を吸収します。

■ 害虫について

▶ 日当たりや風通しが悪く、空気が乾燥すると、カイガラムシが発生します。葉の節につくので、歯ブラシでこすり落とし、殺虫剤を散布し、風通しのよい場所へ移動します。葉水で予防をするとよいでしょう。

■ 挿し木について

▶ 剪定は特に必要はありませんが、伸びた茎を5〜6cm長さに切り、切り口を乾かしてから挿し木にすることができます。節から発根していると根がつきやすく、水はけのよい土をかぶせて水をやるとよいでしょう。

まん丸な広葉がつながって垂れる姿が個性的な'ロブスタ'。

しっかりした細葉の'五月雨'。節に小さな白い花がつく姿がかわいらしい。

四方に葉が飛び出たユニークな形の
'プリスマティカ'。木の器に入れて、
木に着生した雰囲気で飾ってみる。

4〜5cm 間隔で肉厚な葉がねじれるようにつなが
る'パラドクサ'は、自然の神秘的な美しさを感じる。
リプサリスは、吊り鉢で垂らしても、鉢植えにして
棚に置いても存在感があり、葉の流れる姿を楽し
める。

力の抜けた細い葉をもつ'カ
スッサ'。アンティークボックス
に入れながら、さりげなくかっ
こよく飾る。

同じ細葉でもつるっとした緑色の葉の'青柳'（上）
と起毛した葉をもつ'ピロカルパ'（下）。葉が自
由奔放に遊ぶ姿に合わせて、シンプルな鉢で引
き立てたり、個性的な鉢で遊んだりと、鉢を選
ぶのも楽しみのひとつ。

ディスキディア

Dischidia

茎の節から気根を出し、
岩や樹木に張りついて生長する、つる性の着生植物。
肉厚でふっくらとした小さな葉をたくさんつけ
やわらかくかわいらしい見た目から、とても人気があります。
置き場所の環境が合うと元気に育ち、
小さな花をたくさん咲かせますが、日照の具合はややデリケート。
ポイントは直射日光の当たらない明るい場所に置いて、
根は乾かしぎみにすること。空中湿度を好むので、
葉はこまめに霧吹きなどで葉水をするとよいでしょう。
多肉植物の一種なので、
多肉の育て方のコツをつかんで、チャレンジしてみましょう。

ワイヤーで壁に引っ掛けた簡単なアレンジで壁面をディスプレイ。左は'エメラルド'、右は'オイアンタ'。小さめに仕立てられているディスキディアは手軽にインテリアに取り入れやすい。

学名	*Dischidia*	
科名・属名	ガガイモ科・ディスキディア属	
原産地	東南アジア、オーストラリア	
日当たり	日向　　半日向　　明るい日陰	
水やり	好む　　普通　　乾燥ぎみ	

基本データ

育て方のポイント

■ 日当たりについて

▶ 年間を通して、直射日光の当たらない明るい場所に置きます。日照不足になると、葉が黄色くなり、次々と落ちてしまいます。様子をみてよい場所を探すのがポイント。

■ 温度について

▶ 耐寒温度は5〜10度、12度以上が生育温度です。暑さには強いですが、蒸れないように風通しよくしましょう。冬季は室内の暖かい場所で育てましょう。

■ 水やりについて

▶ 土の乾燥を好むほうなので、過湿にならないように気をつけます。水やりは土が乾いてからたっぷりと与えます。葉にしわが寄ってくるのが水やりの目印です。土が過湿になると根が腐って水を吸えなくなり、最終的には枯れてきます。

▶ 空中湿度が高い環境を好み、エアコンのきいている室内では、空気の乾燥が強くて葉が枯れることがあるので注意しましょう。霧吹きなどで株全体に水をかけてあげるとよいでしょう。

▶ 冬季は寒さで生長が鈍るので、水やりの頻度を減らし、葉にしわが寄ってきたら水をやるようにします。

■ 害虫について

▶ 日当たりや風通しが悪いとカイガラムシが発生することがあります。見つけ次第、葉や茎を傷つけないようにこすり落とします。葉水で予防をするとよいでしょう。

■ 剪定について

▶ 株が育ってきて長く垂れた場合、また根元の葉が少なく感じてきたら、長く伸びたつるを切り戻して仕立て直しましょう。節から発根していると根がつきやすいので、挿し木にするのもよいでしょう。

卵形の葉に縦に入る葉脈と、赤みを帯びた新芽が美しい‘オバタ’。

‘オバタ’の花。生育環境がよいと小さな花を咲かせる。開ききらないはかなげな花が愛らしい。

105

長く伸びたつるにつく、無数の小さな葉が美しい 'ルスキフォリア'。状態が
よいと節から気根を出し、小さな白い花をたくさん咲かせる。長く伸びて根
元がさみしくなるようなら、適度に切り戻して、株のバランスをキープ。

'ミリオンハート' の名前で知られる 'ルスキ
フォリア・バリエガータ'。ハート形の葉に
白い斑が入り、名前の通り愛らしい。風
通しのよい、レースのカーテン越しのやわ
らかい光が入る場所に置いて。斑入り種
はややデリケートなので、日照不足と風通
しに注意が必要。

個性的な印象のグリーン

ドラセナ

Dracaena

赤、黄、白といった
カラフルな葉色をもつものが多く、
細い幹がくねくねと曲がった樹形もユニーク。
ダイナミックな大葉から
細くて繊細なものまで、
ほかのグリーンにはない個性をもちます。
葉が美しく繊細な分、
直射日光に当てると葉が焼けたり
色みが変わってしまうことがあるので
日当たりには注意して。
葉の色を観察しながら
置き場所を工夫しましょう。

ドラセナ・リフレクサの一種で'ソング・
オブ・ジャマイカ'。時間をかけて剪定
を繰り返して仕立てられた木は、五徳
付きの火鉢をプランター代わりに。木と
鉢の格を合わせるのも大切なバランス。

学名	*Dracaena*		
科名・属名	リュウケツジュ科・ドラセナ属		
原産地	熱帯アフリカ、熱帯アジア		
日当たり	日向	半日向	明るい日陰
水やり	好む	普通	乾燥ぎみ

育て方のポイント

■ 日当たりについて

▶ 生育期は比較的光に当てますが、葉が焼けやすいので、夏の直射日光は避けます。耐陰性はありますが、日陰に置くと葉が弱ることがあります。

▶ 室内では、日光の方向に向かって茎が伸びて曲がってしまうので、ときどき鉢を回してバランスをとるようにします。

▶ 日陰に置いていたものを急に日光に当てると葉焼けを起こすので、環境を変えるときは様子をみながら徐々に慣らしましょう。

■ 温度について

▶ 朝の最低気温が15度以下になったら、日当たりがよく暖かい室内に置き、5度以上で管理します。

■ 水やりについて

▶ 基本的には乾燥ぎみの環境を好みます。生育期の5～9月は土の表面が白くしっかり乾いたらたっぷりと与えます。朝の最低気温が20度以下になったら、だんだん水やりの回数を減らします。冬季や日陰で水を与えすぎると根腐れの原因になるので、土がしっかり乾いたらやるようにします。

▶ 水が不足すると葉先が枯れ込んでくるので注意。

■ 害虫について

▶ 日当たりが悪いとカイガラムシが発生することがあるので、日照不足にならないように注意し、ときどき葉水をして予防しましょう。

■ 剪定について

▶ 上にどんどん伸びる植物なので、高くなりすぎた場合は切り戻しをし、新しいわき芽を出させて仕立て直します。切り戻しは、生育期前の4月ごろから遅くても5月中旬までに行うと、年内に新芽が出ます。

▶ 根元から強い新芽が出たら親株が弱るので、根元の芽を摘むか、または世代交代と考えて仕切り直します。

虹のような鮮烈な赤い葉をもつ‘コンシンネ・レインボー’は、ひとねじりした幹がアクセント。小鉢ながら幹のやわらかさを生かした、ドラセナらしい一鉢。

'コンシンネ・ホワイホリー'。日当たりのよい場所に置くと発色がよくなるが、強い日差しだと焼けやすいので注意。小鉢を兄弟のように並べて飾って、少しずつ違う株の個性をさりげなく感じて。

'コンシンネ・マゼンタ' は、太くガッチリ育つ品種。明るい場所で寒暖差があると、色がより黒っぽく、暗い環境だと緑が濃くなる。思い切って剪定された潔い一鉢。

緑と赤をベースに黄色の斑が入った 'コンシンネ・トリカラー'。芽が吹きやすく曲がりやすいので、細かく枝を仕立てられる。3色の葉の色に相反するグレーのスクエア鉢に合わせると、さらに美しい緑が引き立つ。

コルディリネ
Cordyline

ドラセナと似ていますが、別の品種で、
原産地が異なるため、生育環境が若干違います。
コルディリネは、耐陰性はありますが
日当たりのよい場所で管理が望ましく、
耐寒性もあります。基本の育て方は
ドラセナを参考にしてください。
ドラセナはヒゲ根で赤や黄色、
コルディリネは多肉質な白い地下茎ももち、
根を見ればどちらかわかります。

学名	*Cordyline*
科名・属名	リュウゼツラン科・コルディリネ属
原産地	東南アジア、オーストラリア、ニュージーランド
日当たり	日向　水やり　普通

夏の直射日光は避け、一年を通して明るい場所に置く。葉
色が薄いので、直射日光による葉焼けが起きやすいが、日
照不足では葉色を悪くするので注意すること。ドラセナより
耐寒性はあるが、10月下旬には室内へ移動。日照や風
通し不足で、カイガラムシなどが発生しやすい。

優雅に曲げられた樹形をもつ 'コルディリネ・ストリ
クタ'。比較的育てやすいので初心者にもおすすめ。

'コルディリネ・テルミナリス' の中でも、葉に紫色
の模様が入っている「パープル・コンパクタ」。ま
っすぐに伸びる性質なので、次々に出る新芽を剪
定や曲げで調整して、オリジナルの一鉢に仕立て
て。日照不足で害虫が発生しやすいので注意。

何色もの色で細いラインが入った、まるで絵のよ
うな葉は、よく見ると一枚一枚違う模様をしている。

ビカクシダ

Platycerium

木や岩石などに根を張って着生するビカクシダは、コウモリランとも呼ばれ、
その独特な姿にファンが多い植物。自身を覆うように広がる「貯水葉」が育ち、
そこからシカの角のような「胞子葉」が大きく広がるように伸びます。
環境が整えば初心者でも育てやすいので
日当たりがよく高温多湿な置き場所を見つけて、
さまざまな飾り方を楽しんで。

左上のハンギングはココナッツに着生させたタイ
プで、植えつけ出荷直後のもの。他の2つのハ
ンギング、左下の棚置きの株は10年ほどたった
株。生長は遅く、大きな株は高価だが、小さい
株を大きくする夢を描きながら育てるのも楽しい。

学名	*Platycerium bifurcatum*		
科名・属名	ウラボシ科・ビカクシダ属		
原産地	南米、東南アジア、アフリカ、オセアニア		
日当たり	日向	半日向	明るい日陰
水やり	好む	普通	乾燥ぎみ

育て方のポイント

■ 日当たりについて

▶ 秋から春は明るい窓辺に置きますが、夏の直射日光は葉焼けを起こすことがあるので遮光します。日照不足になると著しく生長が衰え、葉が黄色や茶色になるので、様子をみながら日光浴させて。新芽が出ないのも日照不足です。

■ 温度について

▶ 高温多湿を好むので、春から秋は直射日光の当たらない屋外でも生育可能です。10月に入ったら室内に置きます。

ミニサイズの壁かけタイプいろいろ。苔玉に仕立てたものは水苔に水分を含むことができ、ハンギングにすると風通しも確保でき、芽の出る場所も自由。

貯水葉は春から秋に生長し、自身を覆って水分や養分を蓄える。古くなると枯れて茶色くなり、自身の養分にするという。胞子葉は、秋から冬にかけて生長し、胞子葉の裏側から胞子を出して増殖する。

■ 水やりについて

▶ 春から秋は2〜3日に1回、植え込み材の表面が乾いたらたっぷりと与えます。冬季は週に1回くらい、植え込み材が完全に乾いたらたっぷりと与えます。

▶ 水は貯水葉の裏側にやるようにしましょう。鉢植えの場合は鉢ごと水を張ったバケツに浸けてもよいでしょう。貯水葉の裏に根が生えているので、その部分に水がかかるように与えますが、いつも濡れている状態だと貯水葉が腐り、灌水が不十分だと生長不良、枯死の原因になります。植え込み材と胞子葉の様子をみながらやりましょう。

▶ 貯水葉の中に貯水組織をもっているので、厳寒期は水を与えないこと。

▶ 空中湿度を好むので、霧吹きなどでこまめに葉水を与えるとよいでしょう。

■ 肥料について

▶ 生育期の2か月に1回、緩効性の固形肥料を、重なっている古く茶色い貯水葉の裏側に与えます。鉢植えの場合は鉢の周辺に油かすを置き肥するか、水やりのときに液体肥料を一緒に与えてもよいでしょう。

■ 害虫について

▶ 風通しが悪いと、生育期にハダニやカイガラムシが発生しやすいです。また風通しが悪く、過湿になりすぎるとカビの原因になります。特に、水やりの後は害虫やカビが発生しやすくなるので、風通しのよい場所に置きましょう。

■ 株分けについて

▶ 株分けで増やすことができます。親株の貯水葉の下から子株が出て、子株の実葉が3枚以上出ていたら、根を確認してから切り取って鉢に植えつけます。

サンセベリア

Sansevieria

葉の形や模様もさまざまで特徴があり、
豊富な品種が数多く流通しているサンセベリア。
マイナスイオンを放出することでも知られています。
耐陰性もあり、丈夫で育てやすく、害虫にも強いので、
初心者にもおすすめです。
木の陰に生息する植物なので、真夏の直射日光は避け、
冬は休眠するので断水するのがポイント。
葉の特徴を生かして鉢を選ぶと、
さまざまなインテリアに合わせられ、
サンセベリアの概念を
超えた飾り方ができます。

地面から放射状に葉を広げる 'バルバ'
はモダンな鉢と合う。垂れ下がる子株
を生かして、高さのある鉢に合わせる
と、生命の力と株の時代を感じさせる。

基本データ

学名	*Sansevieria*		
科名・属名	リュウゼツラン科・サンセベリア属		
原産地	アフリカ、南アジアの熱帯〜亜熱帯		
日当たり	日向	半日向	明るい日陰
水やり	好む	普通	乾燥ぎみ

育て方のポイント

■ 日当たりについて

▷ 1日に数時間、やわらかい日の当たる明るい場所が
よいでしょう。繁殖も容易です。耐陰性もありますが、
多少の日光は必要です。直射日光は葉焼けしやすいので
避けましょう。

■ 温度について

▷ 夏季の高温には強いですが、乾燥を好むので蒸れな
いようにしましょう。気温が20度以上になると生育期
に入ります。寒さに弱いので、冬季は10度以上ある暖
かい室内で管理します。温度が低くなると葉色が悪くな
ります。

■ 水やりについて

▷ 水分を葉に溜めることができる性質をもっているの
で、乾燥ぎみにします。

▷ 春から秋は週に1回、土の表面がよく乾いたらたっ
ぷりと与えますが、低温期に休眠するので、外気温が8
度以下になったら断水してください。室温が15度以上
であれば、天気のよい日に水を与えてください。

▷ 水やりを控えて新芽が出ないようでしたら、根腐れ
している可能性があります。

■ 植え替えについて

▷ 鉢が根でいっぱいになったら、5〜6月または10月
に植え替えをします。株分けや挿し木で増やすことも可
能です。株分けは、細かい根が出ていることを確認して、
親株から切り離しましょう。挿し木の場合は、地上部の
葉を10cm程度に切って土に挿し（葉挿し）、半日陰で管
理します。葉にしわが寄り、根が出てきたら水をやります。

肉厚な葉が左右に広がる、希少な品種の'バナナ'。葉先が上を向いてい
る姿を高台のある鉢に植えて、気品を感じる組み合わせに。

'バルバ'と'グラキリス'の交配種'キ
ブウェッジ'。浅鉢に植えて盆栽風の趣
に。器のふちの薄さとブルーの色が葉の
先端の美しさをさらに引き立てる。

サンセベリアの中でも特に乾燥に強い
'ゼラニカ'。耐陰性もある丈夫な品
種。波打つかたい葉をやわらかく感じさ
せるエレガントな鉢合わせ。

耳つきの花瓶のような形の鉢にまっす
ぐに伸びた葉の'バルバ'を合わせる。
葉の形状に合わせて鉢を選ぶとぴった
り決まる。

手の形のようなお茶目な'ボンセレンシ
ス'。あえて同じ鉢に2つを植えて並べ
て飾るとかわいらしさが増し、まるで両
手を振っているかのよう。

幅広い葉が特徴の'グランディス'。1
株に数枚の太い葉をつける。サンセベ
リアの中ではやわらかい印象。白うさぎを
イメージして、丸みを帯びた鉢合わせを。

細長い棒状の葉をもつ'カナリキュラ
ータ'。浅い陶器の鉢に入れることで、
葉の長さと株の大きさを強調。時間を
かけて育った株には、手びねりの焼き
ものの鉢が合う。

アガベ

Agave

赤道周辺の乾燥地帯に
生息する多肉植物。
日中の最高気温 50 度にも
耐えられるだけでなく、
中には、1000 m 級の高山に生息し、
マイナス 25 度に
耐えられる品種もあります。
一般的に生長は遅く、
花を咲かせるまでに
数十年かかるものが多く、
花が咲き終わった後は
子株に代替わりし、
親株が徐々に
枯れていくのも神秘的です。

どちらもテーブルサイズのアガベ。上が葉の一
部がカールする'滝の白糸'、下が「雷神」と
呼ばれる'ポタトルム'。その花は「神の花」と
呼ばれる。

<table>
<tr><td rowspan="5">基本データ</td><td>学名</td><td colspan="3">Agave</td></tr>
<tr><td>科名・属名</td><td colspan="3">リュウゼツラン科・アガベ属</td></tr>
<tr><td>原産地</td><td colspan="3">メキシコ、アメリカ南西部</td></tr>
<tr><td>日当たり</td><td>日向</td><td>半日向</td><td>明るい日陰</td></tr>
<tr><td>水やり</td><td>好む</td><td>普通</td><td>乾燥ぎみ</td></tr>
</table>

育て方のポイント

■ 日当たりについて

▶ 一年を通して室内のいちばん日当たりのよい場所に置いてください。日照不足になると葉が貧弱になります。

▶ 夏の直射日光に当ててもよいですが、日陰から急に移動すると弱るので避けること。斑入り種は特に葉焼けしやすいので注意が必要です。

■ 温度について

▶ 品種によって生育温度が異なりますが、生長には15～20度が最適です。アガベはサボテンのように休眠期がないので、温度があればいつでも生長します。

▶ 冬季は、寒さに弱い品種は注意が必要ですが、屋外で冬越しできる品種もあります。

■ 水やりについて

▶ 最低気温が5度以上であれば、月に1回水やりをし、4度以下では水はやらないようにします。水をやると、寒さに弱い種類は葉がダメージを受けます。

▶ 風通しと日当たりのよい場所で、乾燥ぎみに育てると丈夫に育ちます。日当たりが悪い場合は、水のやりすぎに注意が必要です。

■ 植え替えについて

▶ 子株が出てきたら、生育期の5～7月に株分けすることもできます。濃い肥料を与えると根が傷むので、肥料はほとんど必要ありません。

葉のふちに黄斑が入る'ベネズエラ'はやわらかい印象。シンプルなセメントの鉢は、噴き出すような葉形を引き立てる。

'ポタトルム'の大鉢。ロゼット状の葉は大株になると圧倒的な存在感を放つ。アガベのほとんどは葉の先端にとげがある。

アロエ
Aloe

葉にとげがあり、
肉厚の葉をつける多肉植物。
勢いよく伸びる幹、
ロゼット状や扇状に広がる厚みのある葉、
ワイルドなその姿は
ファンが多い植物です。
一般的には、キダチアロエ、
アロエベラが知られていますが、
大きさや葉色など
さまざまな品種が流通し、
選ぶ楽しみもあります。
暑さに強く、耐陰性もあり、
乾燥ぎみに管理すれば
強健で育てやすいので
初心者にもおすすめ。

基本データ

学名	*Aloe*		
科名・属名	ユリ科・アロエ属		
原産地	南アフリカ、マダガスカル島、アラビア半島		
日当たり	日向	半日向	明るい日陰
水やり	好む	普通	乾燥ぎみ

育て方のポイント

■ 日当たりについて

▶ 一年を通して日当たりがよいところに置きます。日光によく当てると耐寒性が増します。ただし、真夏の直射日光は避けましょう。耐陰性も多少ありますが、日照不足にならないように気をつけましょう。

■ 温度について

▶ 夏の高温、蒸し暑さには強いです。耐寒温度は5度前後、暖地で断水すれば屋外で越冬も可能ですが、種類によって耐寒性が異なるので、寒さや霜で葉が傷むようなら、室内に取り込んだほうがよいでしょう。

■ 水やりについて

▶ 年間を通して乾燥ぎみにし、土の表面がしっかり乾いたらたっぷりと与えます。

▶ 多肉植物の中では、置き場所によっては水をよく吸います。葉にしわが寄ったり、葉が立ち上がって細くなったりしたら水が足りない印です。冬季は水を控えめにし、暖かい日の午前中にやるか、寒冷地では断水します。

■ 植え替えについて

▶ 下葉が落ちて幹が長く伸び、バランスが悪くなったら、丈を短くして仕立て直しを行います。25度前後の時期にいちばん下の葉から10cm下のところを切り、1週間ほど陰干しして切り口を乾燥させ、水はけのよい乾いた用土に挿すと1か月ほどで根づきます。

▶ キダチアロエ、アロエベラは子株ができやすいので、株分けで増やします。挿し木と同様に、乾燥させてから挿します。

▶ 小さく育てたい場合は、頻繁に植え替えせず、根を詰めて育てると、締まってきて葉の形がよくなる場合もあります。

▶ 植え替えの際はひと回りずつ鉢を大きくし、細い根を切りすぎないように。植え替え後、1週間は水やりをしないこと。

（左）'ディコトマ'は最大10mにもなる、アロエ属の中では最も大きくなる品種のひとつ。左は、大株にならないよう締めて、時間をかけて育てているので根がしっかりしていて生長も緩やか。右は幹が太いが、挿し木で生産されていることもあり、根が小さい場合があるので、根の状態を見ながら、日当たりのよい場所で管理して。作家ものの陶器で盆栽風にしたり、安定感のあるラフな鉢を合わせたり、木の特徴に合わせて鉢を選ぶ。

中心部から厚みのある葉が出る'ディコトマ'の葉は魅力的。鉢植えでは自然に枝分かれすることは少ない。

'ディコトマ'の葉は上に伸び続け、いずれ枯れた葉は落ちていく。時間が経つと葉の痕は消え、茎は光沢が増し、葉の色とのコントラストが美しくなる。

'キダチアロエ'の変種。株元にたくさんの子株が生えている。子株の根ができてくるまで、その姿を楽しみ、根ができたころに株分けする。

'ディコトマ'とよく似ている品種'ラモシシマ'。'ディコトマ'は高さ10m、幹径1mくらいになるのに対し、'ラモシシマ'は小さいうちから分岐を繰り返し株立ちになる。インテリアに合わせやすいサイズで人気。

多数の葉がロゼット状に開く'ナミジ（波路）'。細かい起毛と白い斑点模様、生えそろった多数の葉が美しい。その草姿はポット型のシンプルな鉢との相性がよい。

美しいストライプ模様の斑が入った'キダチアロエ'の突然変異種。緑葉のものより少々デリケートだが、水をやりすぎず、直射日光は避け、明るい室内で育てれば育てやすい。斑入りのアロエは、葉色をキレイに保つには強光に当てすぎないこと。

同じアロエでも葉の色や形、模様など
はさまざま。ミニサイズのアロエを組み
合わせて置くときは、鉢のテイストをそ
ろえながら、ポイントで差し色を入れる
とよい。自然界のアロエの葉や花の
色を使うと、多数の鉢もしっくりまとまる。

ストリアツラ

不夜城

アウグスティナ

ソマリエンシス

百鬼夜光

アルビフローラ

エリナケア

ジュクンダ

ハオルシア

Haworthia

岩の上や寒暖差のある砂漠で育つ小型の多肉植物。
多肉植物の中では珍しく、明るい日陰を好みます。
半透明な葉が光を取り込む、神秘的な「軟葉系」と
かたくて鋭い葉をもつ、スタイリッシュな「硬葉系」があり、
どちらもロゼット状に葉を広げ、
株の中央からユリ科らしい花が上がります。
初心者にもわかりやすく、水が必要なときは葉が細くなり、
寒いときは色がくすむので、様子を観察して育てましょう。

軟葉系の'クーペリー'。「窓」と呼ばれる半透明な部分をもち、光をとおして見るとガラス細工のような美しさがある。

学名	*Haworthia*		
科名・属名	ユリ科・ハオルチア属		
原産地	南アフリカ、ナミビア南部		
日当たり	日向	半日向	明るい日陰
水やり	好む	普通	乾燥ぎみ

育て方のポイント

■ 日当たりについて

▶ 一年を通して明るい日陰で管理します。夏の直射日光を避けた場所に置きましょう。

▶ 春から秋にかけては屋外でもかまいませんが、霜が降りる前に取り込むのを忘れないように。長時間、しっかりとやわらかな光に当てていれば花を咲かせます。

■ 温度について

▶ 15～35度が適温で、比較的寒さに弱く、0度以下で霜にあたると枯れてしまいます。屋外に置いている場合、10月下旬には室内に取り込みましょう。

■ 水やりについて

▶ 週に1回程度、鉢底から出るくらいにたっぷりと与えます。土が湿っているようであれば水やりはしません。夏季の高温期になると休眠するので、同じように水をやってしまうと腐ります。気温が35度近くになったら、葉が細くなってきたときだけ水やりするなど、頻度を少なくしましょう。

■ 植え替えについて

▶ 生長が早く、盛り上がるように育って株が増えます。2年に1度は植え替えをし、鉢底から根が出ている株は、株分けをして植え替えましょう。

■ その他

▶ 風通しが悪く、過湿になると、下葉から腐ってきます。そのままにすると全体が腐ってきますので、必ず腐敗した部分は切り取り、変色している部分はしっかり取り除きます。

▶ 葉が徒長するのは、水のやりすぎか日照不足が原因です。根腐れしないように、日当たりのよい場所へ移動して様子をみます。

▶ 置き場所の日当たりや温度によって葉色が変わるので、きれいな色を保てる場所を見つけて管理しましょう。

▶ 害虫は比較的つきづらいです。

軟葉系の透明感が引き立つ黒い器を合わせて。葉の高さと丸みに合った深さの鉢を選ぶ。雑草が共生する姿もかわいらしい。

南アフリカ・ケープ地方原産の'レツーサ'は三角形の葉にラインが入る。軟葉系の中でもクールな印象。

硬葉系ハオルシアの2種。鷹の爪のように葉が内側に湾曲しながら伸びる'十二の爪'（左）、葉がまっすぐ横広がりに伸びる'十二の巻'（右）。

ぺぺロミア

Peperomia

熱帯から亜熱帯地方にかけて約 1000 種が広く分布し、
立ち性やつる性、時に樹木に着生する多肉質の植物。
葉の色や形もさまざまで、豊富な品種が出回り、花は細長い穂状につきます。
直射日光を避けたやわらかい日差しを好み、
環境が合う場所に置くと生長が早く、管理もしやすいので、初心者にもおすすめ。
ユニークな模様や形の葉をもつ品種が多いので、インテリアのいいアクセントになります。

まるで花壇のように、品種違いを寄せ
植えに。育て方は一緒なので、管理
しやすく華やかさも楽しめる。

学名	*Peperomia*		
科名・属名	コショウ科・ペペロミア属		
原産地	世界の熱帯〜亜熱帯		
日当たり	日向	半日向	明るい日陰
水やり	好む	普通	乾燥ぎみ

■ 日当たりについて

▶ やわらかい日差しを好むので、一年を通して明るい日陰で育てます。ただし、極端な日陰に置いておくと茎が徒長して弱々しくなり、ツヤのない葉になるので注意が必要。

▶ 夏の強い日差しに当てると葉が焼けて、焼けた部分が黒く変色したり、葉がくるんと丸まったりします。

■ 温度について

▶ 夏の蒸し暑さに弱いので、閉めきった場所は避け、風通しのよい場所に置きましょう。

▶ 屋外に出している場合は、夜間の気温が10度を下回るころに室内に取り込みます。

■ 水やりについて

▶ 土の表面が乾いたらたっぷりと与え、乾燥ぎみに育てます。多肉質の厚い葉や茎に水分を蓄えることができ、過湿には弱いので、日陰に置いているときは、特に水をやりすぎないことがポイントです。

▶ 特に梅雨から夏の高温多湿な時季はやりすぎに注意。排水性のよい赤玉土を使って植えるのも蒸れ防止に効果的です。

ポピュラーな'オブツシフォリア'の大株は、直立した茎を強調する安定感のある石の器に。木立ちタイプで生長が早い品種。

つる性のペペロミア。奥は、'セルペンス'、手前は'アングラータ'。トラディショナルな鉢に合わせてテーブルグリーンとして飾る。

肉厚で筋の入った葉が特徴の‘ニバリス’。葉のみずみずしさを強調するよう、葉の色に合わせた木のプランターに。

ロゼットタイプの小型種‘カペラータ’。葉の表面のしわが特徴。隙間に生えるという自生地のイメージで自然素材の鉢に合わせると、まるでそこに生えているかのよう。

ペペロミアの草姿に合う丸い鉢。鉢と品種の相性を考えながら、パズルのように全体を構成する。
左から、'プテオラータ'、'テトラフィラ'、'ペレスキフォリア'、'グリーンバレー'。

葉の大きさや色のバランスをみながら並べると、すべてペペロミアに見えない見ごたえのある飾り方に。
左から、'デンドロフィラ'、'クルシフォリア・ジュエリー'、'ハッピービーン'、'アングラータ'。

ユーフォルビア

Euphorbia

温帯から熱帯地方まで幅広く分布し、

一年草、多年草、多肉植物、低木とバラエティに富むユーフォルビア。

インドアグリーンとしては、多肉植物が人気です。

鋭いとげのあるものが多く、茎や葉の切り口から白い液が出るのが特徴。

極度に暑く乾燥した環境で生き延びるため、

また、草食動物に食べられないように毒性のある樹液をもち、とげのある姿に。

日当たりのよい場所に置き、乾燥ぎみに育てましょう。

ラロ

フォスフォレア

ホリダ

タイショウキリン　ツビグランス

学名	*Euphorbia*		
科名・属名	トウダイグサ科・ユーフォルビア属		
原産地	南アフリカ、世界の熱帯〜温帯		
日当たり	日向	半日向	明るい日陰
水やり	好む	普通	乾燥ぎみ

育て方のポイント

■ 日当たりについて
▶ 日当たりを好む植物です。明るい日陰でも育ちますが、花つきをよくするには、できるだけ日に当てます。

■ 温度について
▶ 寒さに弱いので、冬季は室内に取り込みます。葉のある品種は寒さで葉を落とし、休眠します。休眠する種のほうが寒さには強いようです。

■ 水やりについて
▶ 春の伸長期には多めに水を与えてもよいのですが、夏は乾燥ぎみにします。春、秋は5〜10日に1度、夏は10〜20日に1度を目安に、鉢底から流れ出るくらいたっぷり与えます。
▶ 高温期の多肥多湿に弱いものが多いので、できるだけ土の水はけをよくしておきます。
▶ 寒季に水分を与えると株を冷やすことがあるので、冬季は20〜30日に1度、暖かい日にあげてください。その場合、多肉部分が冷たくなっていないか確認しましょう。外に出している場合や葉が落ちた場合は、断水をしたほうがよいです。

■ その他
▶ 突然変異によって、点状の生長点が変異して帯状やリボン状のかたまりができる現象のことを「綴化（てっか）」、「石化（せっか）」といいます。ユーフォルビアを含む多肉植物やサボテンに多くみられ、希少ですが、その独特なフォルムに惹きつけられるファンも多いです。

ミニサイズのユーフォルビアをセメントの鉢に入れてずらっと並べて。このページの左奥は'オンコクラータ'が綴化したもの。

スミキリン

フェロックス

オンコクラータ

ヘラサンゴ

メロフォルミス

ソテツキリン

スザンナエ

'ホワイトゴースト' は、'ラクテア' の白
斑入り種。全身が白い液体でコーティ
ングされたような、独特な姿に魅せられ
る人が多い。白を際立たせるため、明
るいグレーの鉢を合わせて。夏の直射
日光は避けて、やわらかい光の当たる
場所に置き、水のやりすぎに注意して。

別名「アオサンゴ」とも呼ばれる'ミルクブッシュ'は、ユーフォルビアの中ではポピュラー。耐陰性があり、ライトの光でも生長することがある丈夫な品種。自生地では数メートルの高木に育つそう。生育期は、分岐して伸びていく茎の先に小さな葉をつける。

横長のプランターに寄せ植えに。ひしめき合うユーフォルビアたちの声が聞こえてくるよう。

いろいろな塊根植物

塊根植物とはコーデックスとも呼ばれ、木質化した太い根や幹（イモ）をもつ多肉植物の一種。
膨らんだその根や幹は、貯水タンクのように水分を溜められるようになっており、
乾燥した土地で生き延びるために発達しました。基本的には日当たりのよい場所で管理し、
冬季の寒さに注意します。春から秋は土がしっかり乾いてから水を与え、冬は月に1回程度。
生長が遅いものが多く、オブジェのような姿は愛嬌があり、コレクターを惹きつけて止みません。

パキポディウム・グラキリス

学名　*Pachypodium rosulatum spp gracilius*
科名・属名　キョウチクトウ科・パキポディウム属
原産地　アフリカ、マダガスカル島
日当たり　日向　水やり　乾燥ぎみ

丸い塊根部分からまるで手足が伸びているような樹形は親近感を感じさせる。寒さで葉を落とす場合があるが、春から夏に再び出てくる。葉がない時期は休眠しているので断水すること。

ユーフォルビア・キリンドリフォリア

学名　*Euphorbia cylindrifolia*
科名・属名　トウダイグサ科・ユーフォルビア属
原産地　マダガスカル島
日当たり　日向　水やり　乾燥ぎみ

ぼっこり膨らんだ塊根から四方へ枝を広げる。白い幹にシルバーがかった緑の葉のコントラストと、這うように伸びる枝が印象的で、樹形もさまざま。春には、地味だがかわいいベージュの花を咲かせる。

ゲラルダンサス・マクロリザス

学名	*Gerrardanthus macrorhizus*
科名・属名	ウリ科・ゲラルダンサス属
原産地	東～南アフリカ
日当たり	日向	水やり	乾燥ぎみ

おなかのように丸い、緑がかった塊根部分から、「眠り布袋」という和名をもつ品種の斑入り。つるを伸ばし、やわらかい葉をつける。アフリカのオアシスを想像させるこの木は、飾らないシンプルな鉢に合わせる。

フォッケア・エデュリス

学名	*Fockea edulis*
科名・属名	ガガイモ科・フォッケア属
原産地	南アフリカ
日当たり	日向	水やり	乾燥ぎみ

別名は「火星人」。乾燥した草原や岩場などに自生し、現地では食用とされることもあるそう。塊根の頭頂からつる状の枝を伸ばす。そのまま伸ばしたり、剪定して枝を仕立てててもおもしろい。

高木のボトルツリーは剪定して分枝させ、まっすぐに伸びた幹に自生地の枝の広がりを感じさせる樹形に。

根元のおもしろさと自然形の絶妙なバランスが、仕立て甲斐のある一鉢。

ボトルツリー

学名 *Brachychiton rupestris*
科名・属名 アオギリ科・ブラキキトン属
原産地 オーストラリア
日当たり 日向 水やり 乾燥ぎみ

学名は‘ブラキキトン・ルペストリス’。日当たりのよい場所を好み、日照不足だと生育が止まって株が弱り、害虫も発生しやすいので注意。幹に水を溜めておく性質をもつため、土が乾いたらたっぷりと水をやるが、冬季は土が乾いて3〜4日してからやる。比較的乾燥ぎみを意識して育てる。

シンニンギア

学名　*Sinningia*

科名・属名　イワタバコ科・シンニンギア属

原産地　ブラジル、中南米

日当たり　日向　水やり　乾燥ぎみ

通称「断崖の女王」。ベルベットのような葉をもち、サーモンピンクの花が咲く。花の色に合わせて、ピンク色のかわいい鉢を合わせる。高温多湿地帯の岩や崖の窪地など、水はけのよい場所に育つ。日当たりのよい場所に置き、春から秋はたっぷり水をやり、冬季は断水する。蒸れに弱いので、塊根に水が溜まらないように気をつけて。

葉の色や柄がユニークな植物

葉の形や色合いを楽しむ植物を観葉植物といいますが、
自然界には、美しい色や模様の植物が数多く存在します。ここでは、ほんの一部を紹介します。
見るたびにその魅力にうっとり。自然の神秘を感じてください。

カラテア・マコヤナ

学名	*Calathea makoyana*
科名・属名	クズウコン科・カラテア属
原産地	熱帯アメリカ
日当たり	半日向
水やり	普通

葉にエキゾチックな模様が入るものが多いカラテア。葉の中に葉模様が入った珍しい柄で、表は緑、裏は赤と、色がはっきり異なるのもおもしろい。強光で葉が傷むので、直射日光の当たらない明るい室内を好み、寒さには弱いので冬季は温度と湿度を保つ。夜になると葉が「睡眠運動」をとり、直立する。透きとおる新芽は見とれるほど美しい。

クロトン・リュウセイクロトン

学名	*Codiaeum variegatum*
科名・属名	トウダイグサ科・クロトンノキ属
原産地	マレー半島、西太平洋諸島〜パプアニューギニア
日当たり	日向　水やり　普通

カラフルな葉色と葉形が魅力の低木。品種によってさまざまな模様があり、色も赤・黄・緑がミックスしたものなど豊富。日当たりを好み、日によく当てると葉の色が濃く、鮮やかになる。寒さに弱いので、冬は10度以上の室内へ。

カラテア・ドッティー

学名	*Calathea dottie*
科名・属名	クズウコン科・カラテア属
原産地	熱帯アメリカ
日当たり	半日向　水やり　普通

黒地の葉にピンクの鮮やかなラインが入った、とても美しい葉をもつ希少品種。葉裏は赤紫色をしている。育て方は、カラテア・マコヤナ（p.138）に準ずる。

〔左〕
アナナス・フリーセア
ヒエログラフィカ

学名	*Vriesea hieroglyphica*
科名・属名	パイナップル科・フリーセア属
原産地	ブラジル
日当たり	半日向　水やり　普通

高さ1mくらいまで育つ大型のアナナス。老株になると花茎を伸ばし、淡黄色の花が咲く。寒さに弱いので、冬は日当たりのよい屋内で管理し、夏の直射日光は避ける。横縞の葉に縦縞の鉢を合わせ、葉色が映えるような鉢選びを。

水やりが特徴的。土にやる以外に、筒状の葉の中にも水を溜める。ただし、低温期は株が冷えるので、溜めた水は切ること。

アグラオネマ・コンムタツム 'トルービー'

学名	*Aglaonema commutatum*
科名・属名	サトイモ科・アグラオネマ属
原産地	熱帯アジア
日当たり	半日向	水やり	乾燥ぎみ

直立性、ほふく性、つる性などがあり、模様もさまざま。直射日光を避け
た明るい場所と高温多湿を好む。多少の耐陰性はあるが、病害虫の
原因にもなるので、日照の具合に注意して置き場所を選ぶ。水やりは
土の表面が乾いたらたっぷりと与えるが、やりすぎると徒長するので目
安に。

ベゴニア・もみじ

学名	*Begonia*
科名・属名	シュウカイドウ科・ベゴニア属
原産地	世界の熱帯〜亜熱帯
日当たり	明るい日陰	水やり	乾燥ぎみ

交配して多くの品種が作られているベゴニア。手を広げたような形の葉と茎
全体に、うっすらと白い毛が生えている。赤みがかったくすんだ緑色も珍しく、
かわいらしい花が咲く。水は土が乾いたらたっぷりやるが、風通し不足や水
のやりすぎによる蒸れで茎が溶けるので、水やり後は特に注意して風通しの
よい場所へ。直射日光を避けて明るい日陰に置き、葉色をきれいに保つ。

アロカシア・アマゾニカ

学名	*Alocasia Amazonica*
科名・属名	サトイモ科・アロカシア（クワズイモ）属
原産地	熱帯アジア
日当たり	明るい日陰	水やり	乾燥ぎみ

アロカシアの園芸品種で、光沢のある緑の葉に銀白色の葉脈をもち、
アロカシアの中では流通量の多い品種。初夏の緑の中でひときわ映え
る美しい植物のひとつ。水のやりすぎに注意し、直射日光を避けた明
るい場所に。特に冬季は暖かい室内へ置くこと。

フィットニア

学名	*Fittonia verschaffeltii*
科名・属名	キツネノマゴ科・フィットニア属
原産地	南アメリカ、ペルー
日当たり	半日向	水やり	普通

'網目草'の名前のとおり、網目のように入った
美しい葉脈をもつ。生育期は葉がよく増えて茂る
ので、風通しよく管理すること。茂りすぎた場合
は、摘心を繰り返してわき芽をたくさん出し、こん
もりした株姿に仕立てる。一年を通して直射日
光は避けるが、日照不足では葉が貧弱になるの
で注意。寒さに弱いので冬季は暖かい室内へ。

Index

索引

本書で紹介する植物を、
日当たり、水やりの
傾向でそれぞれを
タイプ別に分けました。
購入する際の
参考にしてください。

＊p.138 ～ 141 の「葉の色
や柄がユニークな植物」は含
まれておりません。各ページ
の基本データをご確認ください。

水を好む

生育期は特に水をよく吸います。合わせて葉水もするとよいでしょう。土の表面が乾いてから与えますが、乾きすぎると水切れすることがあります。

乾いたらたっぷり

土の表面が乾いたらたっぷりやるのが、通常の水やりの目安です。生長が衰える冬季は乾きにくくなるので、水やりの間隔を調整します。

乾燥ぎみを好む

空中湿度を好む植物や、葉や茎に多少の水を溜める植物。水のやりすぎによる根腐れに注意します。

特に乾燥ぎみを好む

乾燥地帯で育つ植物で、葉や根や茎に水を溜める性質があります。

安元祥恵

PORTER SERVICES グリーンプランナー、二級建築士。
建築を学んだ後、ガーデン併設のインテリアショップに
勤務したことから植物の仕事へ。デザインオフィス内の
山野草苔玉ショップの立ち上げに参加し、盆栽の世界に
魅了される。2002年より宮崎秀人氏に師事しフラワー
デザインを学ぶ。2012年インテリアとグリーンショップ
「TRANSHIP」の立ち上げに携わり、暮らしの空間にお
ける植栽の提案・施工を行う。2017年より「PORTER
SERVICES」にて住宅、店舗の植栽コーディネートと
庭づくりのプランニング、管理、レクチャーまで幅広く
手がける。

2021年、東京都目黒区にオープンのベーカリーカフェ
「FARINA（ファリーナ）」内に、植物やアートワークを取
りそろえたアトリエ「GRAINES（グレンヌ）」を展開。
https://porter.services/

＊本書は『インドアグリーンと暮らす 選び方・飾り方・育て方』（2016年）
　をもとに加筆・修正し、再編集したものです。

撮　影　　ローラン麻奈、安元祥恵（p.20〜25）
イラスト　竹田嘉文
デザイン　根本真路
校　正　　佐藤博子
編　集　　広谷綾子

参考文献　『観葉植物（山渓カラー名鑑）』（山と渓谷社）
　　　　　『観葉植物と暮らす』NHK出版
　　　　　『花図鑑　観葉植物・熱帯花木・サボテン・果樹』（草土出版）
　　　　　『わかりやすい観葉植物の育て方』（大泉書店）

選び方・飾り方・育て方がよくわかる
暮らしの中のインドアグリーン

2021年 5 月20日　第 1 版発行
2022年 9 月30日　第 3 版発行

著　者　　安元祥恵
発行者　　河地尚之
発行所　　一般社団法人 家の光協会
　　　　　〒162-8448　東京都新宿区市谷船河原町11
　　　　　電話　03-3266-9029（販売）
　　　　　　　　03-3266-9028（編集）
　　　　　振替　00150-1-4724
印　刷　　株式会社東京印書館
製　本　　株式会社東京印書館